同花顺投资理财丛书

股票投资第一课

同花顺◎著

电子工业出版社
Publishing House of Electronics Industry
北京·BEIJING

内 容 简 介

投资不是一件容易的事情，股票投资更是高风险的投资行为。对于普通股民来说，认识股票投资的风险、学会炒股的知识与技巧、树立可行的投资理念、建立适合的投资体系、把握好投资心态、养成正确的投资习惯，是在股海中生存的根本，也是在投资前必修的第一课。

本书是国内领先的互联网金融信息服务提供商同花顺倾力打造的股票投资知识学习图书，其内容源自超过 6000 万名用户的股票投资实践，将股票知识、投资原则、选股方法、技术分析、机会研判、大师经验、投资心理、投资实战等内容融会贯通，帮助读者快速建立投资概念和知识体系，实现明明白白投资股票，轻轻松松跑赢大盘，"让投资变得更简单"。

本书不仅可以作为新股民的入门级投资理财读本，也可以作为老股民重新认识股票投资、检视自身投资行为的阅读范本，还可以作为院校教辅材料、专业金融机构的培训材料和客户投资教育教材。

未经许可，不得以任何方式复制或抄袭本书之部分或全部内容。
版权所有，侵权必究。

图书在版编目（CIP）数据

股票投资第一课 / 同花顺著. —北京：电子工业出版社，2024.7
（同花顺投资理财丛书）
ISBN 978-7-121-47985-4

Ⅰ. ①股… Ⅱ. ①同… Ⅲ. ①股票投资－基本知识 Ⅳ. ①F830.91

中国国家版本馆 CIP 数据核字（2024）第 109332 号

责任编辑：高丽阳
印　　刷：三河市华成印务有限公司
装　　订：三河市华成印务有限公司
出版发行：电子工业出版社
　　　　　北京市海淀区万寿路 173 信箱　　邮编 100036
开　　本：720×1000　1/16　印张：15.5　字数：272.8 千字
版　　次：2024 年 7 月第 1 版
印　　次：2024 年 7 月第 1 次印刷
定　　价：79.80 元

凡所购买电子工业出版社图书有缺损问题，请向购买书店调换。若书店售缺，请与本社发行部联系，联系及邮购电话：（010）88254888，88258888。

质量投诉请发邮件至 zlts@phei.com.cn，盗版侵权举报请发邮件至 dbqq@phei.com.cn。
本书咨询联系方式：faq@phei.com.cn。

同花顺投资理财丛书
编委会

主　编：邹　鲁

副主编：廖造光　　麻广林　　马晓斌

编　委（按姓名拼音排序）：

　　　　常起宁　　贵云平　　胡亚伟　　盛　栋　　盛　卉

　　　　徐一帆　　杨光松　　余燕龙　　余志亮　　张　群

　　　　朱胜国

序言

公开数据显示，2023年A股投资者已经达到了2.2亿人，自然投资者也就是所谓的散户占了99%以上，而且有近一半的股民是2016年之后新入市的。

可以说，A股股民是全世界规模最庞大、增速最快的投资者群体。

这也说明，随着经济的发展和普通老百姓对投资认知水平的提高，国人的投资热情愈加高涨，而股市成了越来越多人关注的焦点。

然而正如股票投资警句所示，"投资有风险，入市须谨慎"，股票市场千变万化，很多投资者仅凭一腔热情，抱着一夜暴富的心态，盲目扎进股海当中，也许短期内有可能运气加持获得盈利——很多股民都是在牛市入场的，有可能抓住了一次趋势——但长期来看，不仅难以成功掘金，反而会陷入亏损套牢的境地。

很多亏损的股民都在抱怨市场环境不好，比如牛短熊长，比如宏观经济数据不行导致没有盈利的机会，等等。

但是，在大盘指数一路飙高的牛市中，又有多少人能真正获利呢？毕竟，A股市场上流传的"七赔二平一赚"虽然不是严格的统计数据，但也并非空穴来风。

那么，散户亏损的真实原因是什么呢？

除市场整体环境之外，造成散户长期亏损的真正原因，恐怕无外乎以下几种。

第一，缺乏正确的投资理念。股市不是赌场，但很多股民是带着"赌博"的心态来进行股票投资的，俗话说"久赌必输"，短时间内或许可以盈利，但养成的"赌博"心态终究会将赢来的利润全部输光。

第二，缺乏正确的投资知识和交易方法。很多投资新手初入股市，总是带着一脑袋的困惑和迷茫，不知道如何选股票、如何交易、如何盈利、如何止损，也许听信了小道消息就随意买进，结果往往是亏得一塌糊涂。

我们常说，"知识就是力量"，但在股市中，知识更是金钱。投资者需要对公司的基本面进行深入的研究，了解其财务状况、业务模式、未来发展前景等，还需要对市场趋势、宏观经济环境等有清晰的认识，这样才能做出明智的投资决策。同时，投资者还应该了解自己的投资风格、形成自己的交易方法，只有这样，才能控制风险、降低投资成本，实现长久盈利。

第三，缺乏正确的投资心态。很多散户尤其是投资新手在牛市中也赚不到什么钱，这是因为他们无法坚持自己的投资方法，而被短期的利益所诱惑，或因短期的亏损而恐慌，造成了"追涨杀跌"的局面。

第四，缺乏系统的实战技巧。根据数据统计，从投资风格来说，A股股民绝大多数都是短线投资者，操作频繁，追求短期波动利益，关注热点题材和"龙头股""妖股"等，并且习惯根据技术分析方法和指标进行交易。然而，大多数人对于技术分析的方法都只是一知半解，缺乏系统的学习和掌握，有时甚至学成了半吊子就迫不及待去市场上实践，其结果往往是"一顿操作猛如虎，一看亏损百分之四十五"，被套牢或者不得不"割肉"离场。

其实从同花顺对用户的调研结果来看，大部分股民尤其是散户并非没有认识到自己在股市上亏钱的原因，但一来精力时间有限，无法投入足够的时间去认真学习股票投资知识和方法，二来市面上关于股票投资的图书虽然汗牛充栋、五花八门，但缺少关于建立股票投资认知体系方面的图书，同时网络上充斥着的关于股票投资的零星知识，也无法让股民们构建起完整的股票投资认知体系。

作为与 A 股一同成长起来、与中国股民一同见证股票市场起起伏伏历史的金融数据服务商和股票投资软件供应商，同花顺深刻理解广大中国股民的困惑和需求，也深知一家优秀的投资交易平台应如何帮助投资者走向成功。《股票投资第一课》这本小书，就是我们对于这些问题的解答。

在本书中，我们尽量以简练、直白、浓缩的语言，深入浅出地介绍股票投资的基本知识、理念原则、策略方法，以及一些经过验证的实战技巧。这本书并不厚重，花上两个小时就能阅读完。然而小书虽小，内容却经过了千锤百炼，正如书名所示，我们期望通过本书，让广大读者朋友真正了解到什么是股票投资，并能够帮助大家尤其是股民朋友构建一个完整的股票投资认知体系。

我们相信，对于投资新手来说，这些经过体系化凝练的知识，将如同明灯一样照亮他们股市中的道路。而那些已经在股市中摸爬滚打多年的投资者，也能从中获得新的启示和感悟。

我们希望，《股票投资第一课》这本小书能够成为每一位投资者的最佳伙伴，每一位投资者都能从这本书中受益。

希望我们共同开启财富增长的大门，走上财富自由的道路。在未来的日子里，让我们共同见证中国股市的繁荣与发展！

邹　鲁

目录

第一章　股票投资的真相 1

第一节　股票是长期回报率最高的资产 2
一、从历史数据看股票的回报价值 3
二、为什么股票是长期回报率最高的资产 5

第二节　我们在股市中究竟赚谁的钱 7
一、在股市中赚钱的三个角度 7
二、在股市中赚钱的三个关键前提 8

第三节　普通人应该做股票投资吗 12
一、为什么会有大量普通人进入股市 13
二、普通人有必要进入股市吗 14

第四节　股票投资的风险有多高 17
一、股票投资有哪些风险 17
二、股票投资的风险到底有多高 19
三、如何降低股票投资的风险 20

第五节　什么是正确的股票投资理念 22
一、投资理念指的是什么 22
二、什么才是正确的股票投资理念 23

第二章　股票投资中最重要的事 27

第一节　入市前，请记住这三个法则 28
一、及时止损 28
二、顺势而为 32
三、控制仓位 34

第二节　用闲钱投资，不能借钱炒股 36
一、什么是闲钱 37
二、为什么一定要用闲钱投资 39

第三节　稳中求胜，投资拼的是耐心 41
一、股票投资拼的就是耐心 41
二、本金少也不能急于求成 42

第四节　不懂不做，小道消息听不得 45
一、不懂不做 46
二、小道消息听不得 47

第五节　主动学习，提升认知最关键 50
一、养成阅读的习惯 50
二、向高手学习 52

第三章　股票那么多，如何做选择 55

第一节　基本面分析：优质股票的共同特征 56
一、稳定的盈利能力 56
二、良好的经营状况 57
三、强大的市场地位 58
四、合理的市场估值 59
五、良好的市场前景 59

第二节　长线炒股：挑选白马股、成长股、蓝筹股 .. 61
一、选择白马股 61
二、选择成长股 63
三、选择蓝筹股 65

第三节 中线炒股：基本面为主、技术面为辅 68
一、掌握中线选股思路 68
二、找准中线买入时机 70
三、牢记中线炒股禁忌 71

第四节 短线炒股：抓住市场热点，找到龙头股 73
一、抓住市场热点 74
二、买入龙头股 76

第五节 个股分析：通过财务指标排除"地雷" 78
一、价值评估指标 79
二、资产质量指标 79
三、盈利能力指标 80
四、成长性指标 80
五、财务稳定性指标 81
六、现金流指标 81

第四章 何时买股票，何时卖股票 85

第一节 都说技术择时，那技术是什么 86
一、K线分析 86
二、趋势分析 88
三、形态分析 89
四、成交量分析 90
五、均线分析 91
六、技术指标分析 91
七、波浪理论 96

第二节 依据技术来买卖股票可靠吗 99
一、技术分析的基本原理与应用方法 100
二、技术分析的优点与局限 102

第三节 如何通过技术分析判断股票买点 104
一、均线支撑位买入法 105
二、颈线买入法 106

　　　　　三、突破箱体阻力位买入法 106

　　　　　四、寻找重要支撑位买入法 107

　　第四节　如何通过技术分析判断股票卖点 111

　　　　　一、通过分时图找卖点 112

　　　　　二、通过均线找卖点 114

　　　　　三、通过K线组合找卖点 116

　　　　　四、通过技术指标找卖点 119

　　第五节　建立适合自己的个性化交易系统 121

　　　　　一、制定交易目标和明确风险承受能力 122

　　　　　二、选择交易策略和技术指标 122

　　　　　三、设定交易规则和止损策略 123

　　　　　四、进行回测和模拟交易 123

　　　　　五、执行和修正 124

第五章　如何抓住股市中的大机会 127

　　第一节　寻找潜在的行业机会 128

　　　　　一、寻找"投资明星" 128

　　　　　二、A股市场的潜在行业机会 131

　　第二节　鉴别真正的历史抄底机会 136

　　　　　一、回顾历史 136

　　　　　二、总结规律 137

　　　　　三、找对方法 138

　　第三节　抓住打新股带来的盈利机会 141

　　　　　一、打新股的好处 141

　　　　　二、如何提高打新股中签率 143

　　第四节　巧妙捕捉股市中的暴利股 146

　　　　　一、掌握暴利股的特征 146

　　　　　二、寻找暴利股的途径 148

第五节 把握回调机会，抢抓两大机遇 153
　　一、个别优质公司遭遇"黑天鹅"事件时 154
　　二、长期牛股阶段性大幅调整时 155

第六节 识别成交量放大的市场机会 158
　　一、成交量放大背后的投资逻辑 158
　　二、如何抓住成交量放大的市场机会 160

第六章　投资成功者的秘密 163

第一节 "炒股不亏"的基本要诀 164
　　一、坚定长期投资观念 164
　　二、合理分散投资 165
　　三、深入研究和分析 166
　　四、严格遵守投资计划 166
　　五、持续学习和成长 167

第二节 成功的投资要与人性做斗争 169
　　一、克服贪婪的冲动 171
　　二、避免情绪化决策 171
　　三、克服亏损厌恶心理 172
　　四、克服跟风和从众心理 172
　　五、克服追逐快速回报心理 172

第三节 心态的修炼至关重要 174
　　一、心态在股票投资中的作用 174
　　二、股票投资成功所必备的几种心态 175
　　三、良好投资心态的培养和保持 177

第四节 1万小时定律，谁都逃不掉 179
　　一、持续学习的意义 179
　　二、持续学习什么 181
　　三、如何持续学习 182

第五节　懂得逆向思考，不断提升独立判断的能力 184
　　一、逆向思考与独立思考的意义 184
　　二、提升逆向思考和独立判断的能力 186

第六节　大师们是如何做股票投资的 188
　　一、沃伦·巴菲特：长期价值投资 188
　　二、乔治·索罗斯：研究市场动态 190
　　三、彼得·林奇：成长型投资 191
　　四、詹姆斯·西蒙斯：量化交易 192

第七节　学会做时间的朋友 194

第七章　股票投资实操入门 197

第一节　股票投资的第一步：开户 198
　　一、券商的选择与股票交易费用 199
　　二、股票账户的开户条件和流程 201

第二节　炒股工具的选择与交易实操 204
　　一、新手如何选择炒股工具 204
　　二、股票交易实战操作：条件单的应用 207
　　三、实战经验的积累：模拟炒股 213

第三节　股市低风险赚钱方法操作指南 216
　　一、高安全性的国债逆回购 216
　　二、兼具债券和股票特性的投资工具：可转债 219

第四节　买一揽子的股票：ETF 226
　　一、ETF 是什么 226
　　二、ETF 如何选 229
　　三、ETF 投资技巧 232

第一章
股票投资的真相

第一节　股票是长期回报率最高的资产

在现实生活中，人们一说到股票投资这个话题，看法往往截然不同。

有人将其视为一个充满机会的工具，渴望能够通过它一夜暴富，他们甚至拥有"八年一万倍"的伟大目标；有人则认为股票投资就是一种变相赌博，充斥着庄家和欺骗，在他们眼中，从事股票投资的人都是赌徒，他们听到的更多是那些"奥迪进去变成了奥拓，摩托进去变成了自行车"的悲惨故事。

那么，股票投资的结果到底是怎样的？

客观来说，以上两种观点都是片面之词，都没有呈现股票投资的完整面貌。

"八年一万倍"的收益虽然有，但那是凤毛麟角；股票投资也不等于赌博，只要树立了正确的投资理念，掌握了正确的投资方法，股票投资不仅不会让人破产，反而会成为让个人及家庭资产保值增值的最好工具。

为什么说股票投资是让个人及家庭资产保值增值的最好工具？基于对历史数据的分析可以得出结论：与债券、国债甚至黄金相比，股票的回报率更高。

如果你希望自己的资产保值增值，不受通货膨胀侵蚀，长期收益率能够跑赢通货膨胀率，那么，你就很有必要好好了解股票投资的真相。

一、从历史数据看股票的回报价值

有哪些让人信服的历史数据，能佐证"股票是长期回报率最高的资产"？

先一起来看3张大类资产投资的长期年化收益率图。观察这3张图中的数据，会发现一个共同的规律：无论是美国超过200年的投资历史（见图1-1，图中的"年化"指年化收益率，下同）、中国数十年的投资历史（见图1-2），还是多个国家过去100多年的投资历史（见图1-3），股票都是大类投资产品中年化收益率最高的。

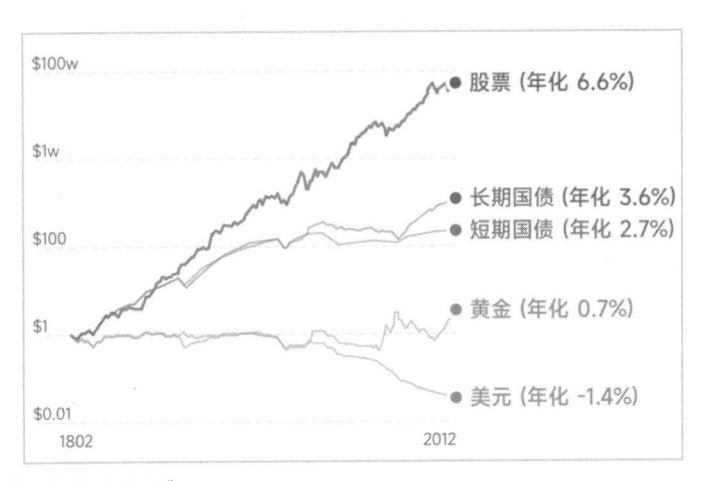

数据来源：《股市长线法宝》

图1-1　1802—2012年美国大类资产年化收益率

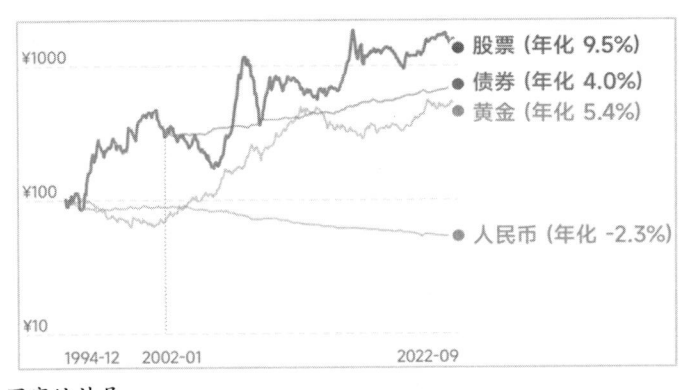

数据来源：国家统计局

图1-2　1994—2022年中国大类资产年化收益率

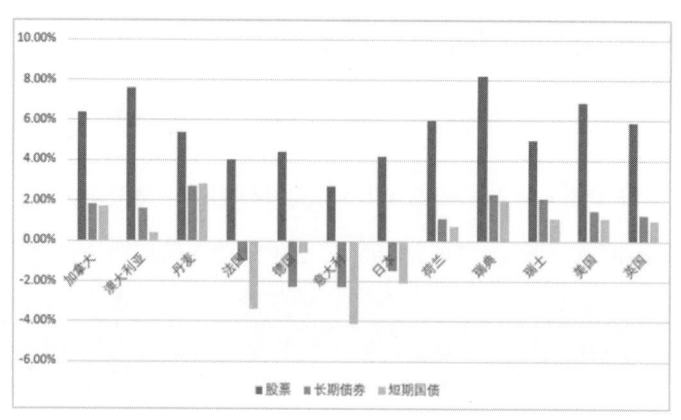

数据来源：《投资收益百年史》

图 1-3 1900—2012 年部分国家大类资产年化收益率

图 1-1 来自《股市长线法宝》一书，其作者杰里米·J.西格尔（Jeremy J.Siegel）教授对 200 多年来的美国金融市场做过统计，股票是长期投资中收益率最高的资产，其次是企业债券和短期国债。而且任何债券都无法长期跑赢通货膨胀，只有股票可以长期跑赢通货膨胀。具体来说，自 1802 年到 2012 年这 210 年的时间里：1 美元的购买力变成了只相当于 5 美分，毋庸置疑，这个损失来自通货膨胀；短期国债和长期国债的年化收益率分别为 2.7%和 3.6%左右，这还过得去；黄金的年化收益率只有 0.7%，长期来看有很大的波动，这个年化收益率实际上并不高；最后来看看股票，股票的长期年化收益率是 6.6%，初看这个数字好像也不太高，还不如 A 股一个涨停板。但是如果有人在 1802 年用 1 美元买了一只股票，这只股票的年化收益率能达到 6.6%的话，到 2012 年其资产将变成近 70 万美元。也就是说，用了 200 多年，资产涨了约 70 万倍，对比来看，就知道股票的长期投资回报率非常可观了。

再来看图 1-2，中国股市自 1994 年到 2022 年，折合年化收益率为 9.5%，这已经大幅跑赢了美股。之所以 A 股的年化收益率会比美股高，主要是因为这段时间里，中国的 GDP 增速比美国要快。即使扣除通货膨胀等因素，A 股这 30 年的平均年化收益率也达到了 7%~8%，远远高于其他大类资产的年化收益率。

图 1-3 则展示了部分国家从 1900 年至 2012 年的大类资产年化收益率，同样，

股票的年化收益率遥遥领先。无独有偶，2023年2月24日，由瑞信研究院与伦敦商学院合作编写的《瑞信全球投资回报年鉴》对外发布。该年鉴的研究范围涵盖了35个国家和地区的所有主要资产类别，汇总了1900年以来大多数市场及全球各大指数长达123年的历史数据，是历史长期回报率的重要参考。他们的结论是：按实际美元汇率计算，在过去123年里，全球股票的年化收益率为5.0%，长期债券的年化收益率为1.7%，短期债券的年化收益率只有0.4%。在所有35个市场中，股票都跑赢了长期债券、短期债券和通货膨胀。

可见，不管是美股、全球股市，还是我们本土的A股市场，从历史数据来看，股票都是长期回报率最高的资产。

二、为什么股票是长期回报率最高的资产

对于资产类别，按照"股神"巴菲特在致股东的信中的提法，可用于投资的资产有三大类：

第一类，用特定货币标明利率的资产，主要是指债券和类现金等；

第二类，非生产性的资产，如黄金、古玩字画等；

第三类，生产性的资产，主要是指公司股权，也就是股票。

那么，在这众多的可投资的资产中，为什么偏偏是第三类，也就是股票的长期投资回报率最高？我们可以通过三类资产的性质来一一分析。

通货膨胀会导致第一类资产快速贬值。现实生活中，通货膨胀是历史的必然产物。就拿美国来举例，在美国过去的200年里，年通货膨胀率是1.4%左右。这会产生什么后果呢？货币的购买力相当于以每年1.4%的速度在逐渐降低。经过200年后，就会导致1元钱"变成"了5分钱，损失了95%，现金的价值几乎消失殆尽。所以，从纯粹的数学角度可以很好地理解，持有第一类资产是很难跑赢通货膨胀的，更别提取得高收益了。

第二类资产本身没太多用处。巴菲特举了黄金的例子：黄金不会自我繁殖、

自我产出，只有工业和装饰上的有限用途，人们购买它主要是寄希望于能够以更高的价格卖给下一家。也就是说，它的价格主要取决于供求关系。如果人们对其信仰崩溃，必定会出现收益暴跌的情况。当然了，长期来看，如果人们对这类资产的信仰足够坚定，在人类累积的财富越来越多时，肯定会选择配置一些这类资产，于是它们会慢慢增值。但正如巴菲特所说，人们购买这类资产的真正原因，是将来会有人因为更贪婪而出更高的价格。

第三类资产是最好的资产。就股票来说，它们不仅仅是一些代码，其背后站着的是一个个优秀的公司，这些公司成了社会的细胞，源源不断地为广大民众提供各种商品与服务。而且，随着科技的发展，社会生产力在不断提高，总的社会财富也在不断地积累。作为社会资产重要组成部分的上市公司，其增长速度是要超过社会资产整体的增长速度的。结果，股权类资产自然而然成了所有资产中回报率遥遥领先的优胜者。普通人或许难以创造出优秀的上市公司，不过只需进入股市，持有部分优秀上市公司的股票，也是能够享受到这种红利的。

长期来看，股票确实有着超高的投资回报率和投资价值，那么，大家是不是都应该一股脑儿地加入股市博取高收益呢？答案是否定的！

当我们说"股票是长期回报率最高的资产"之时，还有两点需要特别说明。

第一，这里的"最高"，指的是股票作为一个集合、一个大类的"资产包"来说，从历史数据上来看是具有最高资产回报率的。但具体到个股或某几只股票，却并非如此，每年都有因为各种原因而退市的上市公司。它们对于买了这些股票的投资者来说，绝对是亏损"地雷"。

第二，"长期"具体指多久往往是无法预知的，这需要在深刻理解了股票运作机制、股票背后公司的运营逻辑之后做判断。

因此，在决定是否进入股市前，还需要了解更多关于股票的知识，比如股票投资赚钱的原理和亏钱的风险，以及普通人做股票投资的必要性和应该持有怎样的投资理念。

第二节　我们在股市中究竟赚谁的钱

我们在股市中究竟赚谁的钱？这是一个很有趣也很有意义的问题。众所周知，股市是一个复杂的系统，涉及了许多不同的参与者，如企业、投资者、经纪人、交易所、监管机构等。这些参与者之间相互交易、相互影响，构成了股市的供求关系和价格形成机制。

因此，要回答这个问题，我们需要从不同的角度和层面来分析。

一、在股市中赚钱的三个角度

1. 从交易角度看

从交易角度看，我们在股市中赚的钱，其实是其他投资者的钱。在这个意义上，股票投资是一个零和游戏，即一个人的收益必然是另一个人的损失。当我们买入一只股票时，我们就成了卖方的对手方。当我们卖出一只股票时，我们就成了买方的对手方。如果我们买入的价格低于卖出的价格，那么我们就赚了差价，必定有人因为"割肉"而亏损了钱；如果我们买入的价格高于卖出的价格，那么我们就亏了差价，也一定有人从中赚到了差价。因此，从交易角度看，我们在股市中赚的钱，其实是从其他投资者那里赚来的。

2. 从投资角度看

从投资角度看，我们在股市中赚的钱，其实是企业的钱。股票是一种权益类资产，它代表了企业的所有权和分享未来收益的权利。当我们购买一只股票时，我们就成了该企业的所有者之一，并且有分享该企业未来收益的权利。这些收益主要体现在两个方面：一是股息，二是股价上涨。股息是企业每年或每季度向股东分配的一部分利润，它反映了企业的盈利能力和分红政策；股价上涨是股票在市场中交易价格的增加，它反映了企业的发展前景和市场认可度。因此，我们在股市中赚的钱，其实是从企业那里赚来的。

3. 从经济角度看

从经济角度看，我们在股市中赚的钱，其实是社会的钱。股市是经济发展的重要组成部分，它通过提供资金、信心和激励等功能，促进了社会生产和消费的增长。当我们购买一只股票时，我们就为该企业提供了资金支持，并且让该行业增强了信心；当我们卖出一只股票时，我们就从该企业中获得了回报，并且为自己提供了收入和消费能力。这样，我们在股市中赚的钱，其实是社会创造出来的财富。

我们在股市中究竟赚谁的钱，并没有简单而唯一的答案。从不同的角度和层面会给出不同的解释。但无论如何，我们都应该认识到，在股市中赚钱并不容易，也并不稳定。我们需要有足够的知识和技能，以及稳定的心态，这样才能在风险和机会之间找到平衡点，并且做出合理和有效的决策。只有这样，我们才能在股市中真正赚到钱。

二、在股市中赚钱的三个关键前提

如何在股市中真正赚到钱，市面上有各种各样的方法和策略，但在我们看来，真正赚到钱的三个关键前提是：分析市场趋势，了解行业轮动，关注个股表现。

1. 关键前提一：分析市场趋势

市场趋势是指股票市场的整体走势，包括上涨、下跌和横盘三种状态。分析市场趋势需要关注宏观经济环境、政策因素、市场情绪等多个方面。

（1）宏观经济环境。宏观经济环境是影响市场趋势的重要因素之一。当宏观经济处于上升阶段时，市场投资热情高涨，股票市场整体表现强劲，牛股出现的概率也相应增大。反之，当宏观经济处于下降阶段时，市场投资情绪低落，股票市场整体表现疲弱，牛股出现的概率相应减小。

（2）政策因素。政策因素对市场趋势也有重要影响。政策的调整和变化可能对不同行业、企业产生不同的影响，甚至可能改变整个市场的运行方向。例如，财政政策的调整可能对基础设施建设、房地产等板块产生不同的影响，而货币政策的调整则可能对金融、周期性行业等产生不同的影响。

（3）市场情绪。市场情绪是影响股价走势的重要因素之一。市场情绪的高涨或低落可能影响投资者的交易行为，进而影响股价。例如，当市场情绪高涨时，投资者交易活跃，股价上涨的可能性增加；当市场情绪低落时，投资者交易不活跃，股价下跌的可能性增加。一般来说，我们可以通过观察行情数据来判断市场情绪，比如成交量和成交金额、融资融券余额、换手率、股债性价比、涨跌停数对比，等等。同时，我们可以在同花顺软件中，通过观察"赚钱效应"板块或使用类似"ARBR指标"（人气意愿指标）的情绪指标，来观察大盘或个股的市场情绪变化曲线（见图1-4）。

图 1-4　上证指数 ARBR 指标曲线图（2023.6—2023.12）

2. 关键前提二：了解行业轮动

行业轮动是指不同行业在股票市场中的表现存在一定的周期性。在经济周期的不同阶段，某些行业可能会表现出更强大的发展潜力，而其他行业则可能处于衰退期。

（1）周期性行业。周期性行业是指其发展周期与宏观经济周期存在较强相关性的行业。在经济周期的上升阶段，这些行业的发展速度较快，股票表现也相应强劲；而在经济周期的下降阶段，这些行业的发展速度放缓，股票表现也相应疲弱。基础设施建设、房地产等都属于周期性行业。

（2）非周期性行业。非周期性行业是指其发展周期与宏观经济周期相关性较弱的行业。无论在经济周期的上升阶段还是下降阶段，这些行业的发展速度变化都不大，股票表现也相对稳定。医药、消费行业等都属于非周期性行业。

3. 关键前提三：关注个股表现

个股表现是寻找牛股的关键因素之一。在同行业中，某些公司的表现可能会优于其他公司，从而有更高的股价。以下是选择强势个股的参考因素。

（1）业绩表现。业绩是选择强势个股的重要因素之一。在同行业中，那些业绩稳定、盈利能力强的公司，往往更容易受到投资者的关注和追捧。

（2）技术实力。技术实力是选择强势个股的另一个重要因素。在同行业中，那些具有较强技术实力、能够不断创新的公司，往往更具有发展潜力。

（3）管理者。管理者是公司的核心力量，管理者的能力、战略眼光和领导风格直接影响公司的业绩表现。在选择强势个股时，那些管理者素质高、经验丰富的公司，往往更具有发展潜力。

总之，要想在股市中赚钱，需要深入了解市场趋势、行业轮动和个股表现。通过分析市场趋势，可以找到具有潜力的板块和行业，进而筛选出具有牛股潜力的个股。同时，需要注意宏观经济环境、政策因素、市场情绪等多个方面的影响，以及不同行业的发展周期和个股的业绩表现，还有公司的技术实力和管理者的情况等。只有全面了解市场和个股情况，才能更好地把握市场机会，真正在股市中赚到钱。

第三节　普通人应该做股票投资吗

2023年年初,一条关于"专家不建议普通人进场炒股"的消息,引发了投资者热议。事情起源于知名经济学家管清友,在一场访谈类节目中给出自己的观点——不建议普通人进场炒股,普通人可以买点基金,但也需要有足够的承受能力。

该观点一经媒体播出,立刻引发了国内广大投资者的热议。比如:"说得像基金不会亏一样,这几个月都'跌麻了'。""有没有想过普通人为啥要炒股?主要是有些人不觉得自己普通,都认为自己是天选之子。""怎么不早建议?我都亏了6万元你才来说,你给我补上我就不炒了。"……

看了大家在网上的讨论,可以发现广大普通投资者的看法出奇地一致,那就是不建议普通人投资股票,甚至也不建议普通人投资基金。

那么,普通人参与股票投资的现状是什么样的?在当下的中国股市中,普通投资者的数量到底有多少呢?

说来大家可能不相信,国内投资者一边不看好股市,一边却又在"疯狂"入市。之所以说是"疯狂"入市,是因为自国内股市"开张"以来,中国A股投资者的数量一直都在迅猛增长。

权威统计机构中国结算网的统计数据显示:截至2023年1月,中国A股投资者数量已达到了惊人的2.13亿人。而该机构2021年年度统计数据显示,当年年末投资者为 1.97 亿人。这也就意味着，仅仅在 2022 年，中国新增的 A 股投资者就达到了 1600 万人，同比增长了 8.12%。图 1-5 为 A 股投资者数量变化趋势图（2015—2023）。

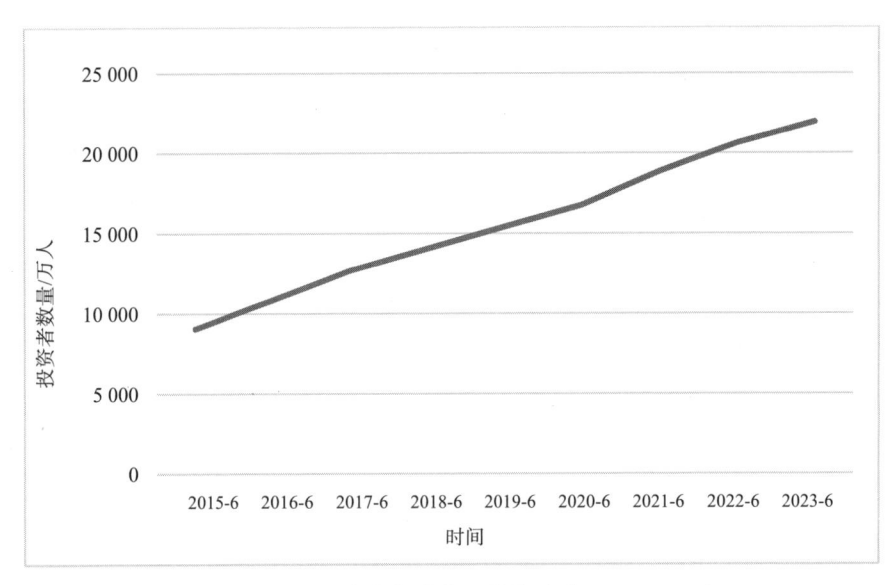

图 1-5　A 股投资者数量变化趋势图（2015—2023）

毋庸置疑，A 股市场中的这 2 亿多位投资者，99% 以上都属于"普通人"。那么，如此众多的普通人进入股市，就能够说明普通人应该做股票投资吗？

要想回答"普通人应该做股票投资吗"这个问题，应该一分为二地进行思考。

一、为什么会有大量普通人进入股市

刚刚也提到了，由于股市行情的不景气，大部分股民对股市是缺乏信心的、不看好的，但他们为什么要在不看好的情况下，依然选择"与股同行"呢？原因有三。

（1）人们财富的快速增长。随着国家经济的发展，老百姓的收入水涨船高，口袋里的钱也越来越多了，于是就有资金用来投资了。同时，金融行业的高速发展，让更多的人开始意识到投资理财有助于实现财富增值和保值。尤其是许多年轻人逐渐认识到传统储蓄方式无法满足未来需求，并且追求更高的回报率，股票便成了首选目标。

（2）进入股市越来越便利。在政府推动下，中国股市改革措施不断深化和完善。简化开户流程、降低交易费用及加强监管等举措吸引了更多散户。另外，科技进步带来的便利性也成为吸引力之一。如今互联网普及，在线交易平台变得日益成熟和安全可靠，大大降低了普通大众进入股市的门槛。

（3）金融知识普及程度的提升。如今，越来越多的人通过金融教育和媒体渠道获取了更多关于股票投资的知识和技巧，从而增强了他们对股票市场的了解，并使他们能够更加理性地参与投资活动。

二、普通人有必要进入股市吗

股民们是为了什么进入股市的？答案显而易见，为了获得财富增长。但是，如此笼统的答案，其实没有意义。有很多投资者在股市中折腾了5年、10年乃至更长时间，有的甚至已经被逐出市场了，但他们都没有想过自己进入这个市场的目的是什么，参与炒股到底有什么样的好处。

普通人进入股市有哪些好处？普通人应该做股票投资吗？答案"千人千面"。不过，普通人进入股市原因无非三种：其一，从收益的角度出发，想从股市之中获得高收益，实现投资致富，这也是多数人进入股市的主要原因；其二，从家庭资产配置的角度出发，当下理财的观念已经深入人心，人们越来越懂得做好资产配置的必要性，而投资股票资产也是很多人做家庭资产配置的一个选项；其三，从个人成长方面出发，学习股票投资能够让人不断触及更多行业和领域，习得更多知识，获得进步。

拓展开来说，普通人进入股市，是希望能获得四大好处。

（1）股票可以为普通人提供获得高回报的机会。相较于传统的储蓄和债券等投资方式，股票市场的回报潜力更大。尽管股价的波动性较强，但只要在合理的投资策略的指导下，普通投资者通过选择具有潜力的优质股票，就能获得股息收入和股价上涨带来的收益。

（2）股票可以帮助普通人实现资产增值。随着社会经济和公司业绩的提升，股票的价值也将相应增加。通过股票投资，投资者可以分享公司成长带来的收益。当股价上涨时，投资者可以选择出售股票，实现资产的增值。

（3）股票有助于普通人实现财务目标。通过长期的股票投资，个人可以积累丰厚的资金，用于教育、购房、养老、旅行等。股票市场为个人提供了一个相对灵活的投资渠道，使他们有机会在资本市场中获得稳定而可观的收益。当从其他行业赚到足够多的本金后，在股票市场进行长期投资，可以让他们活得更自由，不必受制于工作。

（4）股票投资可以突破普通人自身的局限。从实业的角度，普通人是无法介入很多有前景的行业、高利润行业的，比如资金密集型行业，比如技术密集型行业，比如需要特种审批的行业，比如垄断行业……但股票市场囊括了这些行业，从投资的角度，股票市场给所有普通人打开了进入这些行业的通道，使其有机会分享这些行业的红利。

事实上，随着经济的高速发展和由此带来的财富增长，以及理财观念的更新，普通人对于投资理财这件事有了更为迫切的需求，这些年基金规模的大爆发和股民数量的高速增长，就是证明。人们希望通过投资理财的方式，获得财富的保值、增值，而这也可能是"普通人应该做股票投资吗"这个问题的答案之一。

试想一下，作为普通大众，在当今国内 GDP 增长与通货膨胀同时出现的情况下，如果自己不懂得创办公司（只靠老老实实上班拿工资），又不在市场购买股票（无法分享公司快速发展带来的红利），那么，个人及家庭的财富将会面临购买力逐渐下降、不断缩水的窘境。也许有人会说，我不购买股票，但是可以购买黄金、债券等资产。买入这些资产也不是不可以，但是持有这些非生产性的资产同样面临跑不赢 GDP 增速的状况。

前文给出的历史数据已经说明了，这不是危言耸听。从美国和中国的大类资产长期投资回报率来看，持有现金都是最"危险"的，100%亏钱。其他投资产品，比如黄金，只能保证维持现有购买力，债券的收益也无法跑赢通货膨胀，而股票是最值得长期持有的资产。

所以，普通人大量进入股市是市场经济发展的必然产物，普通人为了让资产保值增值，过上更加美好的生活，是应该做股票投资的。

当然了，股市有风险，只有持续学习、不断提升自己的投资能力，树立正确的投资理念，才能让自己的财富轨迹持续上升。

第四节 股票投资的风险有多高

股票市场流行一句话:"七赔二平一赚",也就是说在股民当中,有70%处于长期赔钱的状态,有20%的人勉强不赚不赔,只有10%的人能够赚钱。这基本上符合股民的现状,放眼全世界几乎都差不多,就是大部分人最终会亏钱,只有极少数人能够长期赚钱。

对于投资者来说,进入股市买卖股票当然不是为了亏钱,因此投资中最重要的原则之一就是控制风险,正如巴菲特曾说过的投资成功的秘诀:"成功的秘诀有三条:第一,尽量避免风险,保住本金;第二,尽量避免风险,保住本金;第三,坚决牢记第一、第二条。"

那么,股票投资具体有哪些风险?股票投资的风险到底有多高?投资者又该如何降低风险?

一、股票投资有哪些风险

人们常说"盈亏同源"。什么是"盈亏同源"?实际上,前文中提到的在股市中赚钱的逻辑,同样是投资时面临风险的逻辑。并且,股市中的风险不仅仅来自外部环境的变动,还源于投资者自身的错误投资决策。

(1)市场风险。股票的市场波动性和不确定性很高,投资者可能会因为市场行情不利而蒙受损失。由于市场风险是由宏观经济、国家政策、国际局势、突发事件等多种因素所导致的，通常涉及整个市场，因此无法完全消除。市场风险最典型的例子就是1929年开始的"大萧条"危机，全球范围内的经济大衰退，造成了各国资本市场长时间的低迷。

因此，投资者在进行股票投资时，需要对市场因素对股票的影响有准确的认知，并时刻关注外部环境的变化和市场的整体走势。

（2）公司风险。股票的背后，是一个个具体而实在的上市公司，一旦这些上市公司出现问题，自然而然会反映到股价上，进而对投资者产生影响。公司出现风险的原因多种多样，公司的经营状况、业绩发展、治理结构、财务状况、行业变化、产品质量、商誉信用等因素都会影响股票的价值，且每个公司所面临的行业情况都不相同，因此也非常难以预估，投资者在买入具体某只股票之前，应该对公司的基本面进行深入研究，从而尽可能远离或排除高风险公司。

（3）流动性风险。因为市场流动性不足，投资者在买入或卖出股票时可能面临一些困难，这是股票投资中的常见风险之一。有些股票交易活跃，成交容易，而有些股票在市场中的成交量较小，成交可能不容易。当投资者需要迅速买入或卖出股票时，流动性风险可能导致价格波动和交易成本的增加。

（4）交易风险。作为普通投资者，所有的股票交易决策和行为都是由我们独立完成的，因此我们的投资交易系统和投资心理就显得异常重要，一旦做出了错误的交易决策，就要蒙受损失。比如，由于信息不对称的原因，我们在做出决策时没有掌握完全的信息或接受了错误的信息，从而被误导，做出错误的判断，导致投资损失。或者在面对股票市场的波动性和不确定性时，受到贪婪和恐惧等情绪的影响，做出冲动的交易决策，造成损失。交易风险是一种非系统性风险，需要我们养成正确的投资理念，构建正确的投资交易系统，根据自身的投资认知和风险承受能力判断和评估投资决策，这样才能有效减小交易风险发生的概率，最终实现投资得利。

可以说，以上这些风险，是时时刻刻陪伴在股票投资者身边的，投资者只要在这个市场里待着，它们就会如影子一样相随。

二、股票投资的风险到底有多高

股票投资的风险到底有多高？假如不考虑整体经济因素和市场走势的话，一个可供参考的观点是：普通投资者投资股票的风险并不比经商的风险更高，反而要低得多。

当然，需要强调的是，这里说的"普通投资者"，是指学习过基本股票知识、认真研究分析过股票背后的公司、足够了解自身风险承受能力且有一定投资经验的负责任的投资者，而不是什么都不懂就盲目进入股市、期待一夜暴富的投机者。正如格雷厄姆在《证券分析》一书中所言："投资是一种通过认真分析研究，有希望保本并能获得满意收益的行为。不满足这些条件的行为被称为投机。"

"股神"巴菲特早已经告诉我们，一名负责任的投资人，必须认识到买股票就是买公司股份，等于在拿钱入伙相关公司。

那么，我们购买股票的风险等同于所投资公司的生意风险。如果说购买股票没有风险，那是不切实际的。大家都知道，经商必然面临风险。没有完全无风险的生意，即使有，当所有人都抢着去做的时候，竞争就会相当激烈，利润率自然会逐渐下降，那些管理不善或资金不充足的经营者将面临亏损，最终可能被淘汰。

既然购买股票就意味着入伙公司，与成千上万陌生人共同投资创业，那么股票投资的风险实际上相当于创业的风险。

但是，购买股票的风险不会比直接创业的风险更高。投资者的股票代表的就是公司的业务。如果公司经营成功，投资者的股票价值就会上涨；如果公司经营失败，投资者的股票价值就会下降；如果公司完全垮掉，投资者的股票可能变得毫无价值。

股票的价值取决于公司生意的成败，我们作为小股东，只要选择买入生意成功的公司的股票，自然而然就可以赚到钱。对于普通人来说，与其自己从零开始创业办家电厂，还不如买入格力电器或美的电器的股票，那样收益应该会更高，风险也比自己直接创办公司要低。

而且，投资股票比投资创业有一个更大的好处，那就是变现的灵活度更好。当发现所投公司业绩出现下降趋势时，直接把股票卖出就能锁定利润，然后再把资金投入其他业绩趋势向上的优质公司。如果是自己创办公司，则根本无法快速切换赛道，即使赔本也要赔到底。

当然，用投资股票就是投资公司的理念进行投资，除了要买入好公司的股票，还需要在合适的价位买入才行。因为长期来看，股价是股票内在价值的体现，如果我们在公司股价被高估之时买入股票，则很可能要经历公司股价回归的下坡之路，不仅会浪费时间，还可能要亏掉一部分本金。

用一句话来概括，只要懂得"在价格合适之时买入好公司的股票"，股票投资的风险就不会比自己直接创业的风险更高。

三、如何降低股票投资的风险

做股票投资风险最高的事件之一，就是买股票本身。从买入股票的那一刻起，投资者就已经承担了股票投资的所有风险。不过，承担风险与风险事件是否会发生是两个概念，承担风险不代表风险事件就会发生，只有在风险事件发生时，才算得上真正的风险。

正因为如此，股票投资的风险其实是可以提前预防，并且尽量降低的。那么，普通的投资者具体该如何来降低股票投资的风险呢？

（1）限制资金投入比例。投资者在建仓买股票初期，不宜重仓操作。在涨势初期，最合适的资金投入比例为30%。这种资金投入比例适合空仓或者被浅套的投资者采用。对于重仓及被套牢的投资者而言，应该放弃短线机会，将有限的剩余资金用于长远规划。

（2）学会分散投资。不管面临什么风险，只要不把所有鸡蛋放在同一个篮子里，总能避开一些风险。在进行个股配置时，投资者可以选择不同的行业进行风险分散或对冲——首先是对家庭总资产进行分散配置，不应该将所有资产都投到股市中；其次是对行业和个股进行分散配置，凡事留有余地，不搏一只股票。

（3）及时止损。错了就及时纠正错误。有些投资者认为，止损是在熊市中的策略，在牛市和平衡市中不需要止损。这是不正确的。其实在任何市场环境中，当个股出现见顶迹象，或者持有的是非市场主流品种及逆势下跌的股票时都需要止损。特别是在基本面、宏观侧等市场因素出现重大变化，或者发现自己对行情的研判出现重大失误时，更要有壮士断腕的决心。

（4）加强学习与研究。证券市场本身是一门非常广泛而深奥的学问，普通投资人很难研究透彻，但是若想成为一个稳健而成功的投资人，就必须花一些心血和时间去研究最基本的证券知识，假如连一些基本的投资知识都没有，就妄想碰运气赚大钱，即使运气好误打误撞捞上一笔，不久后也肯定会再赔进去。加强研究是应对风险的重要举措，比如公司经营风险，就可以从相关财务数据中找到一些蛛丝马迹，因为任何经营层面的问题最终都会体现在业绩中。

（5）不熟悉的不买。巴菲特提出过一个著名的"能力圈"原则，即每个人都有自己的能力圈，这个能力圈与自己所处的行业、自己熟悉的领域，以及自己的知识储备等相关。人对自身能力圈的认知有这样一个过程：不知道自己不知道——知道自己不知道——不知道自己知道——知道自己知道。巴菲特认为，不熟悉的领域别插手，专注于自己的能力圈更易成功。投资者如果坚持在自己的能力圈内投资，仅仅做到这一点就成功了一半。切记，只在熟悉的领域做熟悉的事情，风险将会大幅降低，好比我们开着自己的爱车在一条熟悉的路上行驶，风险自然要低很多。

总而言之，做投资都会有风险，不过股票投资的风险并非不可控。进入股市时，了解股市存在的风险有哪些，并学会如何控制好风险才是最为重要的，毕竟，不懂装懂、自欺欺人是投资中最高的风险。

第五节　什么是正确的股票投资理念

前面几节里多次强调，在股票投资中时刻要做的事，就是学习。只有通过学习，才能对股票、股市有正确的认知，才能掌握正确的股票投资方法，才能树立正确的、适合自身的投资理念，如此一来，才能在股市中获得持久的收益，让个人及家庭的财富保值增值。

可以这样说：在如此残酷的股市中，一个人有没有正确的投资理念是决定其投资能否获得成功的关键之一。

既然投资理念对投资如此之重要，那么，投资理念具体指的是什么，什么才是正确的股票投资理念？

一、投资理念指的是什么

"投资理念"，一般投资人都听说过，但在两亿多名普通股民中，真正理解其含义或重要性的投资者应该是少之又少的。

网络上是这么定义"投资理念"的：指导投资者明确投资目的、决定投资取向、制定投资方法、选择分析角度的思想理论体系，属于战略性和方向性的范畴，决定了投资者要从哪里获利，它体现了投资者投资的个性特征。

彼得·林奇说："股票投资是一门艺术，而不是科学。"而投资理念则是这门艺术的哲学，是一种抽象而又高度概括的东西，是全部思想的总纲，也是思想的根本原则。

投资理念是决定长期投资成败的关键。正确的理念能够使投资者获得长期的、可持续的利润，并将投资风险控制在最佳状态。反之，错误的理念可能会达成短期的盈利，但最终将导致长期的亏损，在风险的控制方面也达不到理想状态。如果没有正确的投资理念，赔钱是唯一的结果。

动量投资之父理查德·德里豪斯说："有一套核心哲学是长期交易成功的根本要素。没有核心哲学，你就无法在真正困难的时期坚守你的立场或坚持你的交易计划。你必须彻底理解、坚决信奉并完全忠实于你的交易哲学。"因此，要想在股票投资中赚到钱，首先就要树立科学的、正确的且可以长期坚守的投资理念。

二、什么才是正确的股票投资理念

投资者的投资理念来自对股票市场的正确认识，由于投资者个人的差异，其对股票市场的理解会有所不同，所以，投资者的投资理念可以有差别，会因人而异。

那么，什么才是正确的股票投资理念呢？它必须符合市场规律，并且已经通过实践反复证明是正确的才行。

目前市面上被广泛认可的投资理念多种多样：比如分散投资——要建立投资组合，不把所有鸡蛋放在同一个篮子里，以控制风险、保证收益；比如价值投资——寻找低估值的股票长期持有，等待市场重新评估它们的价值；比如成长投资——寻找成长性强的公司进行投资，从而获得丰厚的回报；比如趋势投资——与价值投资相反，该理念不关注公司基本面而是寻找强势股"顺势而为"，从而获得收益……在人类投资的历史上，有无数大师总结了无数的投资理念，形成了诸多的投资方法和流派，这些理念和方法，我们都可以学习、借鉴，并根据自身的个性特征、风险承受能力和投资目标，寻找、塑造或培养适合自己的投资理念。

但对于普通投资者，尤其是投资新手来说，下面两个投资理念，是应该牢牢记住并在投资过程中时刻提醒自己的。

1. 慢慢变富，慢就是快

财不入急门，做股票投资千万不能想着一夜暴富。在现实生活中，很多人开始做股票投资时，都希望能迅速赚到钱，特别是那些股票一涨就买入者，更希望能够买到连续大涨的股票，最好是一口气就翻番，接着就可以实现财务自由，过上衣食无忧的美好生活。

有这种想法是美好的，但在现实中却是非常危险的。接触股票投资后，事实会告诉我们，这只是空想罢了。

股票投资是一门学问，也是一门艺术。如果没有足够的积累和经验，只想着一进来就能赚钱，那就和希望通过购买彩票暴富者是一样的——根本不现实。

追求一夜暴富，是一种投机心理，也是投资的最大敌人，充满着急与贪婪。这样的人亏钱的概率几乎接近100%。

炒股就是炒心态。因为急，当面对股市的走势时，内心难以保持冷静，往往只看到自己期望的方向，忽视各种不利因素，甚至采取过于激进的投资策略，导致错误的决策和操作。因为贪，当出现明显的风险时，也容易错过最佳止损时机，造成无法挽回的损失。

因此，普通人进入股市，千万不要指望一夜暴富，一开始不要想着赚多少钱，只要能少交一点入门的学费就非常不错了。

众所周知，股市中真正能持续盈利者只有10%，只有强于90%的投资者，才能进入这个行列。为了实现这一目标，只能不断学习，建立自己有效的交易系统。因此，必须慢下来，放慢获利的速度，放平自己的投资心态。

正所谓慢就是快，股市投资拼的不是谁起步快，而是谁能持续跑到终点。股票投资的精髓在于年复一年的复利让财富稳步增长，而不是寄希望于一夜暴富。

曾经有人问"股神"巴菲特："既然您的投资方法这么好，为什么这么多年来，学习复制的人不多呢？"对此，巴菲特微笑着回答道："因为很少有人愿意慢慢变富。"这是一句意味深长的话，值得所有股票投资者反复思考。而巴菲特 99% 以上的财富都是 50 岁之后赚到的，如图 1-6 所示。

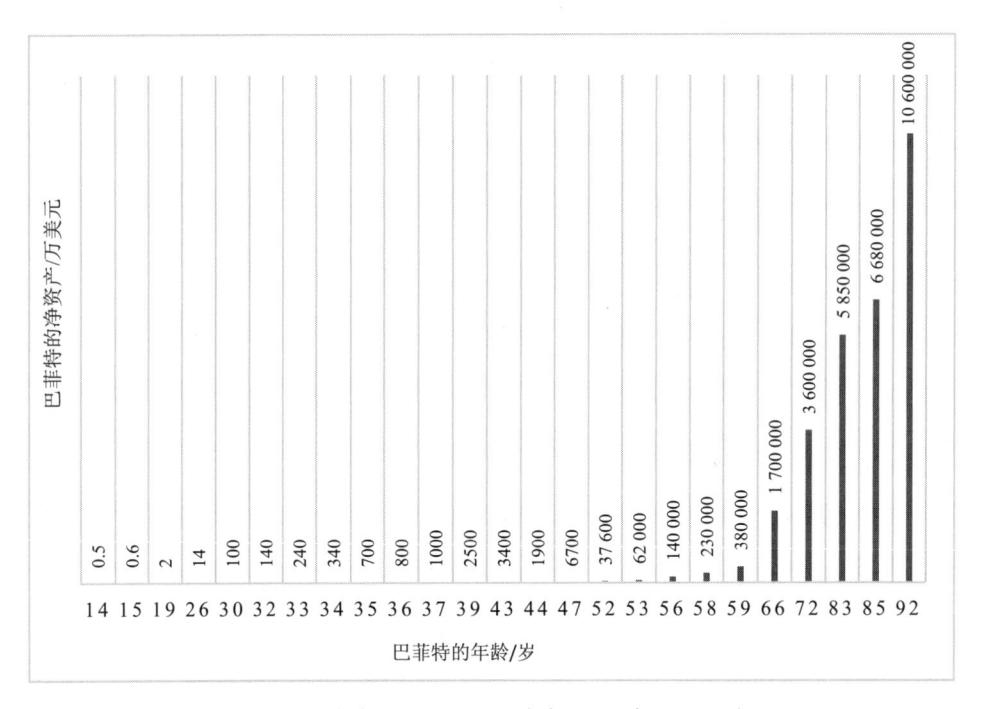

图 1-6　巴菲特 99% 以上的财富都是 50 岁之后赚到的

2. 保住本金，安全第一

在"股神"巴菲特的投资名言中，最著名的一句应该是前面提到过的"成功秘诀"："成功的秘诀有三条：第一，尽量避免风险，保住本金；第二，尽量避免风险，保住本金；第三，坚决牢记第一、第二条。"

为了保证资金安全，"股神"总是在市场最亢奋、大多数投资人最贪婪的时刻，始终保持头脑清醒，懂得急流勇退。

比如，在 1968 年 5 月，当美国股市一片狂热的时候，他却认为再也找不到有投资价值的股票了，于是就卖出了几乎所有的股票并解散了公司。

后来的结果，真的如巴菲特所预料的一样：一个月后，美国股市大跌，渐渐演变成了股灾，在接下来的一年时间里，几乎所有股票都下跌了 50% 以上。

或许，有人会认为巴菲特料事如神，但这只是表象，深层次的原因是，他坚守了"保住本金，安全第一"这一投资理念。

这里的"安全"指的是"安全边际"。安全边际指投资品的价值与价格的差额。当价值被低估的时候安全边际为正，当价值与价格相当的时候安全边际为零，当价值被高估的时候不存在安全边际或安全边际为负，当安全边际为正且差额越大时，投资者的投资风险就越低。例如，如果投资者购买一只价值 100 元/股的股票，并以 80 元/股的价格购买，则投资者就保留了 20 元/股的安全边际。价值投资者只对价值被低估特别是被严重低估的对象感兴趣。安全边际不保证能避免损失，但能保证获利的机会比损失的机会更多。

炒股道路千万条，保住本金第一条。仔细回望 A 股历史，我们就能发现这一理念有多么重要了。比如：2007 年，沪深 300 指数的市盈率近 80 倍，接着 10 年熊市来了，套牢了大爷大妈 10 年；2015 年，创业板指数的市盈率也近 80 倍，结果又套牢新股民 10 年……每次看似不一样，每次其实都一样。

由此可见，做股票投资，如果不看估值，不懂什么是安全边际，那么是要吃大亏的。只有恪守"保住本金，安全第一"的理念，以"安全"的价格买入好公司的股票，才能在股市中持续"活"下来。

股票投资是一门学问。大家想在股市中赚钱，学会股票投资的正确方法的确很重要，它决定着短期的投资收益，但更为重要的是，树立正确的、合适的投资理念，因为它将决定着投资者在股市中能否一直盈利。

第二章
股票投资中最重要的事

第一节　入市前，请记住这三个法则

通过在股市中进行投资获得一定的回报，不是一件神秘复杂的事情，而是有一定规律可循的。我们只需认真学习、不断实践、总结提升，就能找到适合自己的盈利模式。同时，投资新手要想少走弯路，少踩股市中的"深坑"，在进入股市之前，必须要记住一些股市法则。比如以下这三个法则，一定要牢记于心，这是股票投资中最重要的事之一。

一、及时止损

及时止损是股票市场中的第一生存法则。

众所周知，股票市场中风险无处不在，股价瞬息万变，谁也无法预知下一秒会出现什么情况。为了让自己能够在股市中"活"得更久，当我们买入一只股票后，要及时设置好止损点。当股价跌破止损价位时，就必须在第一时间无条件止损出局。这是无数老股民所总结出来的股市生存法则。

止损出局虽然十分痛苦，但是股票投资者如果不懂得止损，后面可能会遭受更多损失，到最后还会造成金钱和精神的双重损失。

在《专业投机原理》一书中，作者维克托·斯波朗迪讲了一个"鳄鱼原则"——鳄鱼吞食猎物时，猎物越挣扎，鳄鱼的收获便越多。假定一只鳄鱼咬住你的脚，它会咬着你的脚并等待你挣扎。如果你用手臂帮忙试图挣脱你的脚，则鳄鱼的嘴巴一张一合，便会同时咬住你的脚与手臂。你越挣扎，便陷得越深。所以，万一鳄鱼咬住你的脚，务必记住：你唯一的机会便是牺牲一只脚。用市场的语言表达就是，当你知道自己犯了错时，应立即了结出场。不要再找借口，不要抱有期待，不要再做其他任何动作，赶紧离场。

中国民间有一句俗语："小时不补，大了要一尺五。"意思是说，衣服破了假如不尽快缝补，洞大了就要花更大的代价。无论遇到什么事情，都应该防微杜渐，最好是防患于未然。

可以这样说：股市中那些能做到长久盈利的投资高手，都会提前设置好止损点，等到股价跌到止损点时，则会毫不犹豫地把股票抛出。正是因为懂得止损，他们的整体亏损才会处在一个自己可控的范围之内，避免了本金亏光，保障了本金的安全性。表 2-1 所示为投资亏损幅度与回本涨幅之间的关系。

表 2-1 投资亏损幅度与回本涨幅之间的关系

亏损幅度	回本涨幅
10%	11%
20%	25%
30%	42.86%
40%	66.67%
50%	100%
60%	150%
70%	233.33%
80%	400%
90%	900%

有很多人做股票投资不愿意止损，无非是因为心态或方法上产生了错误。比较典型的错误有以下几种。

（1）过度自信。有些投资者认为自己能够准确预测市场走势，因此不愿意承认自己的错误。他们可能会继续持有亏损的股票或资产，希望价格会回升。

（2）损失厌恶。人们通常对损失的厌恶程度要大于对收益的喜爱程度。当投资者面临亏损时，他们可能会感到痛苦和焦虑，因此不愿意接受损失并采取止损措施。

（3）情绪化决策。投资决策往往受到情绪的影响。当投资者处于贪婪、恐惧或其他强烈的情绪状态时，他们可能会做出不理性的决策，例如拒绝止损。

（4）锚定效应。投资者可能会将最初的投资成本作为参考点，认为只有当价格回到这个水平时才能盈利。这种心理现象称为锚定效应，它可能导致投资者错过更好的止损时机。

（5）幻觉思维。有些投资者可能认为自己能够通过不断调整止损点来避免损失。然而，这种策略可能会导致更大的损失，因为市场波动是不可预测的。

（6）比较心理。投资者可能会受到周围人的影响，例如家人、朋友或同事。如果这些人持有相反的观点，投资者可能会坚持自己的立场，不愿意止损。

（7）归因偏误。当投资者面临亏损时，他们可能会归咎于外部因素，如市场环境、政策变化等，而忽视自己的决策失误。这种心理现象可能导致他们不愿意承认错误并采取止损措施。

（8）侥幸心理。很多投资者在买入的股票亏损后就舍不得卖，总想着它会涨回去。"割肉"嘛，谁又舍得呢？不过遗憾的是，所有的套牢，都是不及时止盈止损，抱着侥幸心理期待自己手中的股票上涨造成的，结果往往是越亏越多、越被套牢。当然也有一些是在上一轮牛市中买的，在这一轮牛市中解套了，这种算是比较幸运的了，但是付出的时间成本和机会成本也是巨大的。

（9）自我催眠。很多投资者认为，股票被套不是真的亏损，只是账面上亏损而已，股票总是涨涨跌跌，有些股票跌了几十个点，最后一个月又全涨回去了，但是如果真的"割肉"了，钱就真的亏掉了，股票上涨也和自己无关了。

虽然不同的人有不同的情况，但造成难以止损的原因都是相通的，即人性中的贪婪、侥幸和犹豫不决——贪图利益，带着侥幸心理希望能翻盘，面对决策时则犹豫不决。而及时止损，是对人性的挑战。

况且，市场的不确定性和价格的波动，往往会让投资者做出错误的决策，或徘徊在多赚几个点和少亏损几个点的焦灼中。而一旦决策错误，除了要承受损失（包括机会成本），在心理上还会产生懊悔、被愚弄的感觉，这种作用于心灵上的打击才是最痛苦的。

即便如此艰难，及时止损仍是最为关键的投资法则，只有学会止损、适应止损，让止损意识融入血液、深入骨髓，投资者才能经受住市场的种种考验，获得长久生存之道。有一句话说得好——虽然赚多少取决于市场，但亏多少却取决于我们自己。

正如大师中的大师利弗莫尔说："要想在投资中赚到钱，就得买卖一开始就表现出利润的商品或者股票。若遇到买进或卖出后就出现浮亏的东西，就说明你正在犯错，一般情况下，如果三天之内依然没有改善，就立马抛掉它。"

既然止损如此之重要，那该如何设置止损点？止损方法因人而异，比较常见的有以下几种。

（1）亏损百分比止损法。在买入股票后，当亏损幅度达到自己所能承受的最大亏损比例（如10%）时，立马卖出股票，截断亏损。

（2）均线跌破止损法。一般而言，5日、10日均线可维持超短期趋势，20日均线可以维持中期趋势，120日均线（半年线）和250日均线（年线）可以维持长期趋势。如果是短线投资，可以将股价跌破5日或10日均线作为止损点；如果是长线投资，则可以参考120日均线或250日均线设置止损点

（3）技术指标止损法。这里指的是把技术指标发出的卖出指示作为止损的信号。比如当MACD（异同移动平均线）、KDJ（随机指标）等常用指标，在相对高位出现死叉时，往往就是在发出卖出信号，意味着股价接下来一段时间将进入回落期，短线投资者应考虑离场。

除了这些常用的止损方法，市场中还有很多其他的实用技巧，这就需要投资者自己在实战中摸索与总结。方法没有好坏之分，只要是适合自己、有利于提高自己投资收益率的，就是好方法。

二、顺势而为

顺势而为是股市中最高效的进攻法则。

何谓"顺势而为"？意思其实非常简单，就是坚持"右侧交易"，顺着股票上涨的趋势图去操作。

通常来说，股价的走势图无非三种：上升趋势、下降趋势和横盘整理（也叫无趋势）。

顺势而为的具体操作方法，就是在股价上升趋势（见图 2-1）中执行买入计划，在股价下降趋势（见图 2-2）中执行卖出计划，在股价横盘整理（见图 2-3）时持币或持股不动。

图 2-1　上升趋势

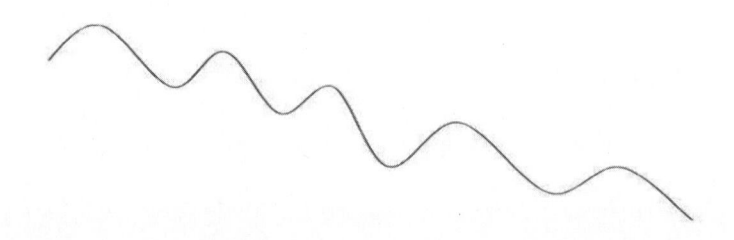

图 2-2　下降趋势

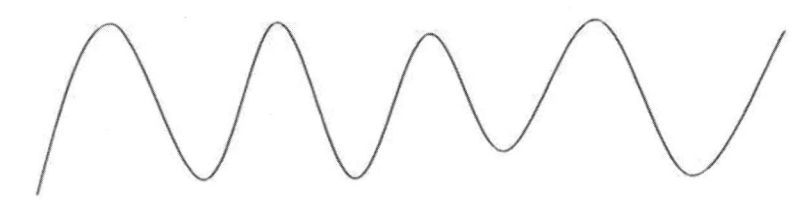

图 2-3　横盘整理

当然，以上这些只是单纯从技术上来把握顺势而为的机会。

此外，我们还可以根据行业基本面分析把握顺势而为的机会，通过参与行业"上升"周期获利，躲开行业"下降"周期回避风险。

基本面顺势而为的具体做法就是：买入那些行业景气度高升、业绩持续增长的公司的股票。由于这些公司的营收和净利润都在不断增加，自然就会不断提升公司的净资产，使得公司的实际价值同步不断上升。按照公司股价围绕内在价值波动的逻辑，最终其股价也会随着公司业绩的增长而不断上涨。

举例来说，2019 年年初，猪肉价格一路上涨，很多养猪公司的业绩也受益于产品价格上涨而出现大幅的增长，如养猪龙头企业牧原股份。如果能够通过多方面因素分析出猪肉价格依然会持续上涨，行业景气度会持续上升，那么，我们就可以在 2019 年年初时买入猪肉板块个股，然后在 2021 年年底猪肉价格下降之时卖出股票，这就是基本面"顺势而为"操盘法。

虽说"顺势而为"可以快速、高效获利，但有的人却偏偏喜欢与它对着干，比如在技术上，也有一些老股民崇尚"逆势而动""左侧交易"，他们认为股价波动存在"物极必反""否极泰来"的规律，上涨之后会下跌，下跌之后会上涨，反复循环。所以，他们会选择股价连续下跌很久、跌幅非常大的个股持续跟踪，在不断低迷下跌中分批买入，一直到底部到来，股价出现反转，然后迎来一次大涨行情后就获利出局。

股票投资可以选择"顺势而为"，也可以选择"逆势而动"，策略没有对错之分。不过从对过去多年的投资收益统计结果来看，顺势投资的胜率明显高于逆势投资，顺势而为风险更低，可以说是普通投资者在股市中最高效的进攻法则。

在股市中，没有永远的幸运儿，不要心存侥幸。"顺势者昌，逆势者伤"，堪称股市中的金科玉律。投资新手应多"顺势而为"，少尝试"逆势而动"。

三、控制仓位

控制仓位是做好股市投资防守的重要法则。

进入股市之后，一定要重视仓位的控制。在股市中，绝大多数小散户，往往都是满仓进出一只股票的，压根就没有控制仓位的概念与想法。因为他们认为自己资金本来就不多，控制仓位与自己无关，"小资金无须控制仓位，只有大资金才要控制仓位"。真的是这样的吗？答案是否定的。投资者无论资金多少（除非全部资金只能买一手股票），都要养成控制仓位的习惯。

投资股票，初次建仓，万万不可以脑门一热就满仓买入。满仓买入的风险极高，等于背水一战，不给自己留退路。

为什么这么说？投资就像行军打仗，不能在没有完全摸透敌情的情况下，把所有的部队一次性投入到战斗之中，否则万一打了败仗，可能就会全军覆没，完全没有反败为胜的机会了。投资股票，如果总是满仓进出，只要错一次就可能让本金归零，比如当日买入了股票，晚上其公司因为业绩造假而发出停牌的公告，等再次恢复交易之时，股票直接被ST（Special Treatment，特别处理，指证券交易所对财务状况或其他状况出现异常的上市公司股票交易进行特别处理）甚至被要求退市。不要以为这样的事情在A股市场里没有，其实过去发生过不少。

作为普通投资者，我们的本金都是靠辛辛苦苦上班得来的，一定要懂得珍惜。无论是投资股票，还是投资基金、债券等，在进入投资市场之前，先考虑的必须是本金安全，做好资金仓位控制，然后在自己所能承受的风险范围内进行投资。如此，才能让投资给生活锦上添花。

控制仓位既然如此之重要，那具体该如何实施？应该分4步走。

第 1 步：初次轻仓入场，做错了就小亏出局。轻仓的目的是最大限度地降低风险。如果趋势方向符合判断，那么后续可以加仓。而如果方向不符合判断，则可以止损出局，这样亏损就会很小。

第 2 步：买对了则顺势加仓，扩大盈利。从轻仓入场开始，如果事实证明我们的买入方向是正确的，就要想办法加仓，让我们的资金获得长足增长。如果在形势对我们有利的情况下却不敢加仓，就等于浪费机会。

第 3 步：盈利后分批止盈，分批获利了结。当股价快速冲高时，要卖出一部分股票，让收益落袋为安，并且留下一部分，以博取更大的利益。

第 4 步：适时空仓，对市场保持敬畏之心。对于普通的短线投资者，空仓应该成为常态，空仓的时间应该比持仓的时间长。因为看市场行情就知道，行情上涨的时间远远少于行情震荡与行情下跌的时间，而那种快速上涨的爆发行情，时间就更短了。这是客观规律。所以大部分时间里，短线投资者空仓等待最佳时机才是上上策。

切记，在股市中，钱是赚不完的，但是可以亏完。股票投资的风险管理，从学会控制仓位做起。

股市如战场，风险变幻莫测。如果要想在股市中长久生存下去，就必须像军人执行军令一样坚守"及时止损、顺势而为、控制仓位"这三大法则。它们不仅能让我们远离本金归零的可能，还有助于提高交易胜率，让我们的本金像雪球一样越滚越大。

第二节　用闲钱投资，不能借钱炒股

普通投资者进入股市，首先要明确的一点是——股票应该用长期不用的闲置的钱来进行投资。因为股票是长期的优质资产，而不是短期的优质资产，所以，如果用短期的钱来买长期的优质资产，就很容易造成期限错配，最后导致投资的失败。

有这样一则真实的小故事：

股民张宝富原本准备在国庆假期买房结婚，准备了 30 万元的首付房款。不过 4 月份时，他觉得股市到低位了，想先用首付款赚点钱做装修费，于是就把这 30 万元全部投入股市，买了一只深市小市值股票。

然而，该股票的走势并没有像他想象的那样。在接下来不到一个月的时间里，该股票不涨反跌，张宝富的股票市值就缩水了 30% 多，原先的 30 万元只剩下不到 20 万元，连首付都不够了，更别提赚到什么装修费了。

面对缩水的市值，张宝富着急了，由原先赚钱的预期降低到回本就好。于是，他在接下来的交易里，开始频繁操作，追涨杀跌，结果是国庆节都过去了，投资的本金亏了一半多，要想解套回本，似乎已经变得遥遥无期。

就这样，因为拿着急用的钱进入股市，张宝富把原本幸福的购房结婚计划弄得一团糟。

股票市场总有一种吸引人的魅力，尤其是在 A 股市场中，暗藏着赚取暴利的机会，让众多的投资者趋之若鹜。有闲钱的在炒股，没有闲钱的把原本有安排的资金用来炒股，然而这些投资者并不知道，这两种钱在面临波动的时候，投资者的心情是完全不一样的。用非闲置资金去炒股，本身就是一种不明智的选择。

用闲钱投资，不能借钱炒股，这也是投资股票时最重要的原则之一。

一、什么是闲钱

依据大名鼎鼎的标准普尔家庭资产配置图（见图 2-4）来分析，所谓闲钱指的就是第 3 象限（左下）与第 4 象限（右下）这两部分资产，它们约占家庭总资产的 70%。

图 2-4　标准普尔家庭资产配置图

这张图是由全球最具影响力的三大信用评级机构之一美国标准普尔（Standard & Poor's）于 20 世纪 90 年代初期发布的，它是标准普尔在调研了全球十万个资产长期稳健增长的家庭，分析总结了他们的家庭理财方式的基础上，提出的资产配置方式的建议，旨在帮助人们合理分配家庭资产，实现长期财务规划和稳健的资产增值，是全世界公认最合理稳健的家庭资产分配方式，被无数理财新手奉为圭臬。

它把家庭资产分为 4 个部分，每个部分对应的功能都不一样，具体如下。

第 1 象限是保命的钱。也就是保险费用，这部分占家庭总资产的 20%。这个象限是让人很纠结的，每年都需要从口袋里掏钱出去，买回家的是一张或许会又或许不会生效的保单，但是谁也不希望这张保单真正生效。

第 2 象限是要花的钱。这部分占家庭总资产的 10%，也可以计算为家庭月支出的 3 到 6 倍。这部分钱用于日常生活，包括吃饭、购物、人情等支出，一般把这部分钱放在活期储蓄银行卡里，便于随时支取。

第 3 象限是生钱的钱。这部分占家庭总资产的 30%，属于投资，重点把钱投在股市、基金、房地产等领域。这部分赚了能改善生活，赔了又不影响生活质量。高收益伴随高风险，这个象限是家庭资产增长的主要来源。

第 4 象限是保本升值的钱。这部分占家庭总资产的 40%，一般指养老金、子女教育金、债券等。这个象限要求本金不能有任何损失并且能略微抵御通货膨胀，一般不能提前支取，有点像社保里的养老金补充版。

那么，按照标准普尔家庭资产配置图来分配家庭资产是否适用于每一个人呢？实际上，标准普尔家庭资产配置图只是一个工具，需要因人而异地去看待、因地制宜地去使用，其所建议的比例不是一成不变的，随着个人年龄的增长、资产状况的变化，各项资产的配置比例也需要进行相应调整。比如，当一个人刚开始工作时，没有什么积蓄，只能先满足"要花的钱"，也就是现金资产，用于日常消费；当他赚到了第一桶金时，没有了日常生活压力，要想加快赚钱的速度，可能就将钱投资于股票、基金等金融产品，也就是增加"生钱的钱"的配置；当他组建家庭后，就需要稳健增值的资产配置来满足子女教育、养老两大刚性需求。

不过，无论配置比例如何变化，几乎所有的理财建议都认为，用于投资的钱，一定是闲钱——也就是在满足"保命的钱""要花的钱""生钱的钱"的配置之后，才用钱来进行投资，毕竟，投资是为生活服务的。

二、为什么一定要用闲钱投资

之所以倡导用闲钱投资，尤其是在投资股票市场的时候一定要用闲钱，是由股票的特性所决定的。股票投资是一种"反人性"的行为，只有战胜了人性的弱点，才能在股市中持续盈利，而用闲钱投资更有利于一个人去战胜人性的弱点。

首先，股市具有很强的不确定性。确定股市占用自己资金的周期是很难的。如果投资用的不是闲钱，可能在要用钱的时候，所买的股票正处在正常波动的亏损点上，不得不被动出局，产生实实在在的亏损。对于市场中的很多股票，选择在相对低点买进，这本身也是时间换空间的过程，需要的是计划后的耐心等待，直至盈利。但如果用的不是闲钱，中途被迫撤出资金，所有的付出都将前功尽弃，面对的只能是亏损了。

其次，两种资金造成的投资者的投资心态会不一样。如果投资用的是闲钱，投资者可以轻松操作，有效判断，无压力，出错率会大大降低，盈利就不是什么难事；而不是闲钱的话，就要面临买入的股票必须在短时间内创造效益的巨大压力，如果是借的钱，那么短时间内创造的效益还必须能覆盖借钱的成本，否则自己就是做了无用功。

在股市中，为什么70%的散户是亏损的？原因当然有很多，首要原因是没用闲钱做中长线规划，总幻想着拿一些急用的资金，通过短线盲目追涨杀跌，赚一把就跑。就好比本节开头故事中的张宝富一样，越到最后越焦虑，投资成功的概率也就越小，最终的投资收益不好是大概率事件。

投资炒股，心态非常重要，唯有心态好，才有可能做出正确的投资决策，从而在股票投资过程中避免亏损、赢得收益。而显然，用闲钱进行投资和用急用资金进行投资，心态上是完全不一样的。这一点应该很好理解。当你有1万元的时候，你要考虑房租、生病、应急，这1万元对你来说是一种安全的保障，是保命钱；当你有6万元的时候，拿出3万元就足够你短期应急，剩余的3万元对你来说就是闲钱。在这两种钱面临股价波动的时候，你的心态是完全不一样的：你有1万元的时候拿5000元去炒股，与你有6万元的时候拿3万元去炒股相比，虽然资金量更小，但压力要更大。

说到底，一个人要想到股市中赚钱，他有多少资金不是最重要的，最重要的是他的资金一定要是闲钱。作为普通投资者，我们绝对不能把吃饭穿衣的钱或应急用的钱投进去，更不能借钱投资、融资炒股。毕竟，"伤筋动骨"的风险，对于多数人、多数家庭来说，都是承受不起的！

第三节　稳中求胜，投资拼的是耐心

"太急了"大概是现代成年人的一种通病。每一天，我们总和时间赛跑，凡事追求快，好像只要慢一秒就会输掉整个人生。比如：吃早饭要快，否则上班就要迟到；旅游要快，走马观花似的看一下景点，然后拍几张照片发到朋友圈中就算"打卡"完毕……

殊不知，这种对"快"的追求，正在让我们错失许多美好事物。当我们在为生活奔波之时，生活已渐渐离我们而去。查理·芒格曾说："明智的人能耐心等待，让时间流逝，体会其中的妙处。大多数人总是瞎忙活。"

做事不可急功近利，一急就容易犯错误；一味地追求速度，离成功就会越来越远，只有厚积才能薄发。正如《孙子兵法》中说的："胜兵先胜而后求战，败兵先战而后求胜。"成功的首要条件就是保持耐心、稳中求胜。这也是股票投资成功的不二法门。

一、股票投资拼的就是耐心

股票投资是一场马拉松，而不是百米冲刺。正如巴菲特说的："投资是一辈子的事，如果你不打算持有一只股票10年，那你就不要考虑去持有它10分钟。"

对于普通人来说，要想在股票投资上取得傲人的业绩，耐心是必备的基础条件。

试想一下：普通人投资股票，一没有资金优势，二没有信息优势，凭什么去战胜那些大机构？唯有耐心！因为时间对所有投资者都是一视同仁的。

作为普通的投资者，我们是用自己的闲钱来投资的，既没有利息需要支付，也没有其他投资人能给我们压力。我们不追求资金的快速周转，不追求赚快钱，我们赚钱靠的是坚不可摧的强大耐心。

我们只要买入了自己了解的好公司的股票，那么就给它足够的时间，让市场重新认识当前受冷落的公司的优点。巴菲特的老师格雷厄姆曾说："时间是好公司的朋友。"时间越久，好公司的业绩增长得就越多，分红也就越多，股价创新高是自然而然的事情。我们熬过公司被"错杀"的低谷期，在该公司的股票价格大涨之日，逐步清仓，让收益落袋为安，再开始下一场全新的投资旅程。长此以往，把一件简单的事情反复去做，又何愁在股市中赚不到钱呢。

关于耐心，芒格讲过一个自己的故事："我读《巴伦周刊》，读了50年。整整50年，我只找到了一个投资机会。利用这个机会，我在几乎没有任何风险的情况下，赚了8000万美元。"

因此，从事投资一定要把耐心放在第一位，不急于求成，不拔苗助长，耐心等待投资机会的出现，耐心等待公司慢慢成长。或许，勤劳致富在其他地方是适用的，但做股票交易，越勤于追涨杀跌、频繁换股，就会让钱赔得越快。

二、本金少也不能急于求成

虽然很多人都听过"财不入急门"这一经典投资谚语，但是为什么在股票投资中，大部分普通投资者都做不到慢慢变富，反而总想着急于求成呢？普通投资者的心态往往是这样的：自己当前的本金很少，分散投资、分批投入的时间成本太高，赚钱太慢了，还不如搏一把，通过在市场中抓住几只大牛股，在短期内让本金翻倍、再翻倍。等到有一天把本金"做大做强"了，然后再放慢速度，求稳求胜。

乍一看，这样思考的逻辑好像很有道理，而且船小好调头，小资金有利于快进快出、快速获利。这似乎也是可以行得通的，但这样操作真的可行吗？这当然是痴人说梦，而且这样的逻辑有很大危害。

在股市中博弈，本金少也不能急于求成，原因有两点。

（1）股市本就不是赚快钱的地方。赚快钱说白了就是去预测短期涨跌，而股价短期涨跌是谁都不可能预测的。急于求成本身就是一种贪婪，本金少的时候如果可以快进快出赚到钱，那本金多的时候为什么不行？最合理的解释就是这种快进快出模式不长久、不可持续。

曾经有个投资者拿了一个类似的问题问"中国的巴菲特"段永平："如果我本金比较少，是不是就可以做短期投机，等快速赚到钱之后转做价值投资呢？"段永平的回答非常简练，却发人深省："这可能就是你本金比较少的原因！"

股市投资赚大钱的真正动力来自复利，如果可以保持每年 10%~15% 的收益率，后期也会达到惊人的地步。

（2）急于求成的习惯一旦养成就难以再纠正过来。正如《慢慢变富》一书的作者张居营所说的那样："人是习惯性动物，那种频繁交易、追涨杀跌的习惯一旦养成，特别是尝到一些甜头之后再想改变，容易吗？事实证明，很多人是改不过来了。"一个人在错误的道路上第一步失败了并不可怕，可怕的是在错误的道路上第一步竟然成功了，往往就会因此耽误一辈子。所以，不要因为自己目前的本金少，就去尝试赚快钱，天天追涨杀跌、频繁换股。

本金少也不能急于求成。那么，普通投资者在本金少的时候，如何才能正确地让本金获得增长呢？

首先当然是好好工作，积累本金。钱少可以先学习，用小资金练手实践，先适应股价波动对心态的影响，进而学会调整好心态。在投资认知和投资心态成熟之后，再逐渐加大资金投入。需要强调的一点是：投资新手千万不能把小资金赚了钱当作下重注的标准，否则很容易血本无归。

其次，本金多少与操盘系统无关，当前的本金再少，也要在正确的投资理念下进行投资，要买入、持有那些优质公司的股票，与优质公司为伍，远离垃圾股。路虽远，行则将至。只要找到了正确的投资方法，就不怕实现不了自己的投资目标。

孔子说："无欲速，无见小利。欲速则不达，见小利则大事不成。"在人生中不要心急，通往成功最快的方法，往往不是加速超车，而是脚踏实地地走好每一步。坚持下去，终有一天我们能看到最美的风景。投资股票如同投资人生，保持耐心，稳中求胜，如此甚好！

第四节　不懂不做，小道消息听不得

股市中，一直有这样一个很奇怪的现象，那就是大部分散户，尤其是投资新手，在买入股票之前很喜欢打探各种小道消息。我们只要在炒股群里说，"我有个消息，××股最近会有××利好，股价将要大涨"，群里的股民之中肯定就会有人信以为真，然后直接买入这只股票。

这种现象十分普遍，到底是为什么呢？原因可能在于，大部分散户都是门外汉，他们本身不喜欢学习——毕竟学习是一件困难的事情，对股市、股票没有分析能力、选股能力和耐心，只要听到小道消息，就会持着"宁可信其有、不可信其无"的尝试心理。若提供小道消息、推荐股票的人是"投资老师""投资高手"的话，那么就更容易让人上当了，毕竟迷信权威是人的天性！近年来，因听信"荐股团队""黑嘴中介"而上当受骗，当了高位"接盘侠"的案件时有发生，这也是国家重拳打击"黑嘴"、非法荐股的原因。

炒股看似没有门槛，只要是一个成年人就可以自由进入股市；炒股其实又有很高的门槛，只有那些懂得独立思考，懂得独自分析的投资者，才能真正在股市中赚到钱，成为那幸运的 10%。

投资新手为了避免让自己上当受骗，应该懂得以下两点。

一、不懂不做

巴菲特曾说："投资必须是理性的。如果你不能理解它，就不要做。"什么意思呢？对于投资新手来说，就是在自己对股市毫无了解的情况下，先不要着急进入股市，在进入股市之后，对自己不熟悉的股票不要盲目地买入，只买入自己了解的上市公司的股票。

任何投资都会有风险，这是客观规律，谁都无法避免。但是对投资本身的了解程度，将会决定投资风险的高低。一个对股市了解透彻的投资者，和一个对股市一无所知的"小白"，他们两人在股市中面临的风险程度是完全不一样的。

为了便于投资新手更好地理解这一点，可以拿开飞机来进行说明。大家都知道飞机在天空中飞行是有危险的，飞机只要在空中出现事故，一般就是特大事故了。不过，如果开飞机的是一位老飞行员，那风险就可以降到非常低。事实也的确如此，世界交通事故率统计结果显示，按出行里程统计，坐飞机的死亡概率，其实比坐汽车要小很多，飞机是最安全的出行工具之一。

由此可见，一个行为有没有风险，往往不是由行为本身决定的，而是由实施该行为的人决定的。股票投资也是如此，股票投资的风险程度，往往是由投资者对股票的熟悉程度决定的。所以，做股票投资，必须先了解将要买入的股票，只有对自己能弄明白的股票进行投资，才能提高投资的成功率。

什么叫"不懂不做"？巴菲特将其称为"守住自己的能力圈"。他说："对于大多数投资者而言，重要的不是他们到底知道什么，而是他们是否真正明白自己到底不知道什么。"他一再告诫投资者："不要投资你不了解的东西。"

巴菲特认为，在投资的时候，投资者要将自己看成公司分析家，而不是市场分析师或总体经济分析师，更不是有价证券分析师。

他相信，如果人们的投资行为只是基于一些表面的观点，而完全不了解公司的基本面，那他们很容易在出现一点小状况的时候就被吓跑。这种情形下十之八九结果就是赔钱。巴菲特本人当然不会这么做，他认为凡是可投资股票的公司必须是自己比较熟悉，并且具有较好行业前景、拥有"护城河"的公司。

事实的确如此，纵观数十年来巴菲特所投资的公司，它们主要集中在保险、食品及报纸等传统的行业（只是最近几年才加入了科技公司），他认为这些公司是自己可以充分理解的。首先，这些公司的业务相对简单，通过一定的学习都能够很好地理解，甚至成为行业内的专家；其次，这些公司的未来业绩和成长性是比较容易预估的。

另一个例子就是，巴菲特没有购买过一股微软的股票，即使他和比尔·盖茨是很好的朋友，是"铁哥们"。因为，他觉得难以充分理解微软的业务，同时也把握不了它十年以后可能出现的状况。

作为股票投资者，对"不懂不做"的投资理念要多加利用，在操作过程中可以投资一些自己熟悉的公司。熟悉的公司主要分为三种：首先是自己所在地的上市公司，其次是自己所处行业的上市公司，最后是基本面自己比较熟悉、易于了解的上市公司。毕竟对于这些公司而言，投资者容易做出正确的判断。

当一个投资者不清楚自己的能力，去投资自以为懂的公司，其实对公司一窍不通的时候，往往是最具有风险的时候。巴菲特正是牢牢地遵守了"不懂不做"这一原则，才使自己获得了举世瞩目的投资成就。

试问，全世界公认的"股神"都自始至终坚持"不懂不做"，新入市的普通投资者又有什么理由不去遵守呢？！

二、小道消息听不得

巴菲特有一句经典名言："让一个百万富翁破产最快的方法就是——告诉他小道消息。"

很显然，无论中外，听小道消息买卖股票都是很常见的、许多人惯用的投资方式，也是非常容易失败的投资方法。

然而，即使"股神"这么告诫了，很多投资者也视而不见，尤其是在火热的牛市里，几乎人人都在打听消息、相互传递内幕，靠着小道消息买卖股票，将"股神"的忠告抛之脑后。甚至对于一些长期在交易所直接交易的大爷大妈们来说，他们除了打听消息之外，几乎从来不考虑其他方法。

更为荒唐的是，即使听了消息赔钱了，这些投资者也不认为这种打听消息的方法有错误，而是认为消息来源不够准确。于是，他们下一次会追求更"准确"的消息，而不是放弃这种错误的投资方法。

不可否认，消息面对于投资股票有着非常重要的作用，是交易时的重要依据，但这个消息面是指正规平台和渠道发布的权威信息，包括宏观经济、国家政策、行业或公司相关的信息，而不是未经证实的小道消息。

普通投资者根本没有能力去鉴别这些消息的真伪，而很多无根据的消息，可能是恶意炒作的结果，或者有人散布虚假消息，从而赚取利益，最终损害的是投资者的利益——轻者被"荐股老师"忽悠，做出错误的投资决策，成为庄家的"接盘侠"；重者可能由此陷入投资类"杀猪盘"，成为诈骗案件的受害者。甚至有些小道消息涉及内幕交易等违法行为，投资者如果盲目相信并据此进行操作，还可能会面临法律风险。

因此，投资股票时，要懂得堵住自己的耳朵，学会独立思考，投资必须是理性的，而不能盲目跟风，巴菲特说："不迷信华尔街，不听信谣言。"

对于投资者来说，投资股票是需要花费真金白银的，赚钱的希望不能寄托在别人身上，更不能寄托在未经证实的小道消息上，要对自己的钱负责。切记：不要靠听小道消息炒股，也不要靠"股评家"来买股。有的"股评家"翻来覆去推荐的就是那几只题材股，庄家拿钱买吆喝，投资者如果人云亦云去跟风，一不留神就充当了别人的"轿夫"。

普通投资者要想在股市中成为那幸运的10%的获利群体，必须要有自己的主见：一是要守住自己的能力圈，不懂的不做，不懂的不买；二是要主动屏蔽各种小道消息，保持内心的宁静，远离各种"杀猪盘"。

这也是股票投资中最重要的原则之一。

第五节　主动学习，提升认知最关键

最近几年，在国内各大股票投资论坛里流行着这样一段话：股票投资中，一切问题的根源，都是认知。在股市中，一个人永远赚不到超出他认知范围的钱，除非他是靠运气。但是，靠运气赚到的钱，往往又会凭实力而亏掉，这是一种必然。可以说，一个人在股市中所能赚到的每一分钱，都是他对股市正确认知的变现，他亏掉的每一分钱，也是因为他对股市认知的缺陷造成的。股市中最大的公平，就是当一个人的财富超过他的认知的时候，股市会有100种方法来"收割"他，直到他的财富与他的认知持平。

很多在股市中拼搏多年、收益颇丰的老股民，对此都深有体悟，他们非常认同，在股市中一个人的认知决定着他的收益！股票投资的本质是将认知变现，只有提升认知，从无知到有知，才能在股市中获得成功。

提升认知，是股票投资中最重要的原则之一，那么，我们该如何去提升认知呢？

一、养成阅读的习惯

可以说，通过阅读书籍、文章、报告等方式来主动学习，是一个人提升认知的必经之路。我们可以选择一些经典的投资作品或财经人物传记来开拓视野，这对于寻找并掌握股市投资新技能也是非常重要的。

对于阅读的重要性，巴菲特不止一次这样告诉他的崇拜者："阅读是所有人向上努力的起点，是个人提升认知的捷径。你大多数想要了解的问题的答案，书里早就给出来了，你只需要把那本书挑出来就可以了。"

把阅读当成习惯。巴菲特不仅仅这样告诫别人，也是这样要求自己的。在一次采访中，巴菲特这样说："我就是喜欢阅读，不停地阅读，我一天大概要阅读五六个小时，即便我现在阅读的速度不如从前了，但我现在依旧每天看五份报纸，也看相当多的杂志，每天看报表、看年报，我也看许多别的东西，我一直都喜爱阅读，我也爱阅读人物传记。"

从近年公开发表的巴菲特致股东的信中来看，他虽然已经过了90岁，但对于投资的研究仍然不停，这一点着实让人觉得可怕。那么他是怎么做到的呢？借用他本人的话来说，这得益于勤于阅读的习惯。

另外一位投资大师，被称为"投资界的思想家"的查理·芒格也曾说："我这辈子遇到的聪明人，来自各行各业的聪明人，全都是每天阅读的人。巴菲特读书之多，我读书之多，可能会让你感到吃惊。我的孩子们都笑话我，他们觉得我是一本长了两条腿的书。"

巴菲特曾经用"芒格使我从大猩猩进化到人类"这样的一句话来评价芒格。由此可见，查理·芒格有多么睿智。

两位投资大师不约而同地将他们取得成功的原因归结于阅读，比如巴菲特曾说："我从事的虽然是投资领域的工作，但是我工作的实质内容就是读书，我只有在阅读的过程中，才能发现那些'秀色可餐'的重大投资机会。"芒格说："在投资领域中，若你没下过扎实的阅读功夫，我不认为你可以成为真正优秀的投资人，而我也不认为有哪一本书可以为你做到这些。"

如此优秀的投资人都在努力阅读，投资新手又有什么理由不去多阅读，把阅读培养成一种持之以恒的习惯呢？

书到用时方恨少。读书是走向高贵的最好的方式，也是投资自己、提升认知的最低的门槛。

二、向高手学习

要想提升个人认知，除了主动进行大量阅读，还有一个非常不错的途径，那就是主动向高手和牛人学习。

有时候，如果能遇上一位真正的高手，他可能会改变你的一生。比如巴菲特之所以能成为"股神"，与他遇上格雷厄姆密不可分。

年轻时，巴菲特在宾夕法尼亚大学沃顿商学院攻读的是财务和商业管理，但他觉得教授们的空头理论的用处不大，两年后转学去了内布拉斯加大学林肯分校，一年后又辗转考入哥伦比亚大学金融系，非常幸运地遇到了著名的投资学理论家本杰明·格雷厄姆。在格雷厄姆门下，巴菲特如鱼得水。

格雷厄姆被誉为"华尔街教父"，他的投资理念和策略对全球的投资领域产生了深远影响，两本经典著作《证券分析》和《聪明的投资者》至今仍然是投资界的必读书目。作为"价值投资之祖"，格雷厄姆坚决反对投机，主张通过分析公司的盈利情况、资产情况及前景等因素来评价股票，并通过寻找低估值的股票，获得长期的资本增值。他还提出了"安全边际"原则，强调投资者要严格把控买入价格，确保安全边际，以防止市场波动影响投资收益。

正是在哥伦比亚大学学习期间，巴菲特如饥似渴地学习、吸收着格雷厄姆的投资理念。

通过向格雷厄姆学习，巴菲特迅速提升了个人对股票投资的认知，继承了格雷厄姆的价值投资取向，并从此树立了一个非常重要的投资理念，那就是"只有在不受感情因素影响的情况下，进行的投资才是最明智的投资"。也就是说，投资不应受感情的影响，不要对盈利抱有过高的期望，也不要忐忑不安地担心损失，更不要随大流看别人购买自己就盲目地跟着购买。

巴菲特功成名就后,一直没有忘记精心培育自己的恩师格雷厄姆,他把格雷厄姆看作自己的"精神父亲",并经常用感激的口吻说:"我自己有85%像格雷厄姆。"

世上有许多卓越、成功之人,他们的成功大多是靠不断地学习得来的。他们中甚至有许多人资质不是太高,最后却取得了别人无法企及的成就。所以,天生的缺点并不可怕,可怕的是失去一个人应有的不断学习的精神。如果你想在股市中有所成就,就不该让懒惰控制了你的精神,要始终不断地去学习、积累,长此以往,也许你就是下一个"股神"。

当然了,要想提升个人认知,除了多多阅读和向优秀者学习之外,应该还有其他的一些途径与方法,这就需要投资者在求学的过程中去不断摸索与发现。希望每一个进入股市的投资新手,都能尽快找到适合自己的学习之道,从而快速提升个人对股市的认知,建立属于自己的能持续盈利的交易系统,然后长久地在股市中生存下去。从这个角度来说,不断学习,是股票投资中最重要的原则之一。

第三章
股票那么多，如何做选择

第一节　基本面分析：优质股票的共同特征

好的投资才能带来好的收益。那什么是好的投资呢？目前这个问题没有统一的答案，但呼声最高的是"股神"巴菲特所推崇的价值投资。

巴菲特在 1992 年致股东的信中提到了他的投资理念，即"以合理的价格买入一个优质公司的股票，远远胜过以较低的价格买入一个平庸公司的股票"。在过去数十年的投资生涯中，巴菲特是这样说的，也是这样做的。他始终坚持股票投资公司化，以公司所有者的身份来精选公司，认为所投公司的质量优劣会直接影响最终的投资结果。可以说，正是因为对这一投资方式的执着，才成就了"股神"数十年屹立不倒的投资神话。

巴菲特指出，判断一只股票是否优质，主要是看对应的上市公司的基本面，毕竟它才是股票上涨的内在因素。公司基本面越好，其股票上涨的概率就会越大。那么，在基本面分析角度，优质股票有哪些共同的特征呢？

一、稳定的盈利能力

优质股票的发行公司首先必须具有稳定的盈利能力。这意味着公司在一段时间内不仅能够实现持续的利润增长，而且能够在不同市场条件下保持盈利。

如何判断一个公司有没有持续、稳定的盈利能力呢？投资者可以通过查看公司的财务报表了解其盈利情况，包括营业收入、净利润和每股收益等指标，一般来说，净利润率高的公司具有较强的盈利能力。

另外，不仅要判断公司过去和现在的盈利能力，还要学会判断公司未来的盈利增长空间。如何判断呢？一个方法是看指标，主要指标是市盈率（P/E）和市净率（P/B）。市盈率是指公司股价与每股收益之比，市净率是指公司股价与每股净资产之比。一般来说，市盈率和市净率较低的公司具有较大的成长空间。另一个方法，则是看公司的盈利模式是否具有可持续性和可复制性，能否不断满足市场需求，以此来判断公司盈利的持续增长空间。

在这一点上，美国可口可乐公司的股票无疑是优质股票的杰出代表。可口可乐是全球领先的碳酸饮料供应商，拥有多个品牌，如可口可乐、雪碧等。这些饮料品牌在全球市场上受到了广泛认可。作为一个稳定盈利的公司，其在多个年度实现了稳定的销售额和净利润增长。虽然伴随着健康饮食趋势的流行，以及对碳酸饮料影响健康的争议不断加剧，但可口可乐的市场份额仍然在全球范围内稳步增长。这种长期稳定的盈利模式，使得可口可乐成了全球投资者青睐的优质公司之一。

二、良好的经营状况

优质股票背后的公司通常具有良好的经营状况，不仅能稳定实现业务增长，更重要的是能够在面对市场波动时具有较强的抵御能力。

可以从财务状况和管理质量两个方面，去判断一个公司是否优质。

健康的财务状况是优质股票必备的条件。什么是健康的财务状况呢？从财务分析的角度来说，衡量公司经营状况的主要财务指标是资产负债率、流动比率和速动比率。资产负债率是指公司总负债与总资产之比，流动比率是指公司流动资产与流动负债之比，速动比率是指公司减去存货后的流动资产与流动负债之比。一般来说，资产负债率较低、流动比率和速动比率较高的公司具有良好的经营状况和健康的财务状况。同时，还需要稳定的现金流，以能够抵御突发风险。以贵州茅台为例，该公司长年保持着极低的资产负债率（20%以内）和较高的流动比率及速动比率，并有大量的现金流，这些反映了其健康的财务状况和良好的经营情况。

管理质量也是判断公司经营状况的重要依据，而管理质量取决于管理团队和公司内部的治理结构。一般而言，优质公司必须拥有良好的管理团队。毕竟公司的领导团队在制定战略、管理运营和应对市场变化方面起着关键作用。投资者可以通过研究公司的高管团队，包括他们的经验、专业知识和成功历程，来评估公司的管理能力。另外，公司的内部治理结构和透明度也是衡量管理团队质量的重要因素。

在这一点上，不得不提美国的强生公司。美国强生公司是一个全球领先的医疗器械和消费品生产商，其在医疗设备、消费品、制药等几个领域都拥有较高的市场份额。这个公司的成功不仅可归功于其强大的产品线，同时也得益于公司的领导和管理能力。美国强生公司的管理团队由专业人士组成，他们分析市场趋势，制定长远战略，制定落实方案，并让公司在不断变化的行业环境中保持竞争优势。同时，该公司还注重培训其员工，使他们拥有更广泛的技能和经验，有助于公司更好地适应变化。

三、强大的市场地位

优质公司的产品，必须拥有强大的市场地位。这意味着该公司在其所处的行业中具有竞争优势，如品牌影响力、技术专利、渠道优势、产品创新能力，进而形成巴菲特所谓的"护城河"，保持绝对领先地位。投资者可以通过分析公司的竞争优势来评估公司的市场地位和"护城河"宽度。

比如贵州茅台，作为中国高端白酒的代表品牌之一，其独特的产品品质和口感、产量的限制和稀缺性，加上得天独厚的品牌文化影响力和多年持续建设形成的渠道优势，使其在市场中具有强大的竞争优势，塑造出了足够宽的"护城河"。

另一个例子则是美国的苹果公司。多年来，苹果公司通过不断推出具有颠覆性和极致用户体验的科技产品，例如 iPhone、iPad、MacBook 等，吸引了大量的忠实用户，从而有了稳定的市场地位，可以说，苹果的"护城河"正是建立在广受欢迎的产品、忠实的粉丝和持续创新的能力这三大基石之上。得益于这条"护城河"，它享有超强的定价能力和盈利能力，在科技行业中始终保持着领先地位，成为全球投资者最青睐的优质公司之一。苹果公司的股票也是巴菲特多年来一直保持重仓的股票。

四、合理的市场估值

"以合理的价格买入一个优质公司的股票，远远胜过以较低的价格买入一个平庸公司的股票"，这句话道出了一个股市投资的真相，即优质公司的股价通常不会过高或过低，而是处于一个相对合理的水平，即股价与公司的基本面情况是相匹配的。投资者可以通过比较公司的市盈率、市净率等指标来判断其估值水平是否合理。如果一个公司的估值水平过高，那么其股价可能存在泡沫；如果一个公司的估值水平过低，有可能是一个投资机会，但也需要注意风险。

五、良好的市场前景

当一个公司所在的行业处于高速发展阶段，具有极大发展空间和潜力，公司也具有较好的发展前景时，这个公司的股票就是优质股票。通过判断发展潜力和市场前景而投资的经典案例，当属巴菲特投资比亚迪了。

2008年，经芒格的推荐，巴菲特以每股8港元的价格购买了比亚迪约2.25亿股股票，总投资金额约为18亿港元，直到2022年才开始减持套现，截至2023年11月3日，累计套现66亿港元，可谓大赚特赚。巴菲特之所以选择投资比亚迪，正是因为看好比亚迪所在的新能源汽车行业的前景和比亚迪公司的发展潜力，以及比亚迪掌门人王传福这个人。

当然，评估一个公司是否有良好的市场前景是一件复杂而困难的事情，不仅要考虑公司内部的各种资源和竞争优势，还要考虑外部的竞争环境和行业发展潜力，甚至国家政策和国际大环境的变动趋势。不过，这正是我们在投资实践过程中需要去不断积累、学习的。通过不断分析、判断，挖掘到一个优质的公司，并进行投资，正是投资这门古老艺术的魅力所在。

稳定的盈利能力、良好的经营状况、强大的市场地位、合理的市场估值、良好的市场前景……这只是我们根据人类过往投资经验所总结出的优质股票的一些共同特征，是识别优质股票的一种参考，但它们并不代表全部。不过，投资新手在考虑投资某个公司时，可以根据这些特征来进行分析和选择，以找到那些有潜力的公司进行投资。这是决定能否在股市中获取稳健回报的关键。

第二节 长线炒股：挑选白马股、成长股、蓝筹股

按照持有时间进行分类，股票投资可分为长线炒股、中线炒股和短线炒股。而所谓长线炒股，指的就是买入一个好公司的股票，然后长期持有。"长线"的时间，通常是以年为单位来计算的。

对于长线投资者而言，投资不是买股票，而是"买公司"，选什么股是首先要解决的问题。那么，长线炒股具体应该买入什么股票呢？

一、选择白马股

白马股，是指在某个行业中具有稳定增长率和良好声誉的大型公司的股票。在投资领域，白马股常被视为风险相对低的选择，因为它们的表现不受市场波动的影响，就算是在经济衰退期间，这些公司的股价依然稳健，具备较高的投资价值，是长线投资者最为青睐的股票类型之一。

白马股既然如此优秀，那作为普通投资者，我们应该如何判断一只股票是不是白马股？白马股通常会有哪些显著的特征呢？一般来说，可以通过以下特征来遴选白马股。

（1）信息透明。通常来说，白马股的业绩等相关信息明朗，为市场所共知，市场表现大多为持久的慢牛攀升行情，有时也表现出较强的升势。

（2）盈利稳定。白马股公司的盈利能力相对稳定。它们具有可持续的业务模式，能够在各种经济环境下实现持续增长。

（3）现金流稳定。白马股公司通常有稳定的现金流，能够满足日常运营资金、还债和支付股息等需求。它们有稳定的客户基础和可以预见的销售收入。这种稳定的现金流为公司提供了一定的抗风险能力，使其能够在市场不稳定时保持稳定的经营状况。

（4）有行业领导地位。白马股公司通常是行业中的领导者，或者拥有较高的市场份额。它们能够通过高品质产品或服务、广泛的渠道和良好的品牌声誉来吸引消费者。

（5）高品牌价值与知名度。白马股公司往往拥有强大的品牌价值和广泛的知名度。这些公司经过长期的经营和品牌建设，建立了可信赖和受人尊敬的品牌形象。

（6）稳定的股价波动。白马股公司的股价通常较为稳定，波动范围较小。这是因为这些公司的业绩表现和前景较为明确，投资者普遍对其持有较为长期的投资意向。

（7）高股息、高分红。白马股通常有稳定且可观的分红政策。这些公司会周期性地向股东支付股息，使投资者能够获得股息收入。

（8）低市盈率。白马股股价一般较其他类个股高，但因其具备高业绩、高成长性及市场预期好等资质，这类股票的市场风险较低，因此，相对于公司高成长性的潜质而言，股价尚有较大的上升空间，具体表现为市盈率的真实水平较低。

就A股市场来说，白马股一般集中出现在家电、电子、食品饮料、酒类、医药等有持续需求、具有一定成长性的板块，一般是这些板块细分行业中排名靠前的几大龙头，比如迈瑞医疗、恒瑞医药、贵州茅台、五粮液、万华化学、海天味业、格力电器、海尔智家，等等。

具体怎样买入白马股呢？白马股虽然好，但也要在股价被市场低估时买入，才能获得超额收益。是否被低估，投资新手可能无法判断，那就看一个指标——市盈率，当白马股公司股票的市盈率处于历史底部时，可以分批买入。

二、选择成长股

成长股是那些具有较高盈利潜力的公司的股票。这些公司通常处于快速增长阶段，其业务和市场份额不断扩大，盈利能力也在不断提高。成长股具备股价上涨空间大、投资价值高的特点，因此又被称为十倍股，一直受到投资者的青睐，比如成长股投资之父菲利普·费雪、投资传奇彼得·林奇等。

虽然成长股具有这样那样的投资优点，但是要想在众多股票中选中成长股，却并不那么容易。通常而言，成长股公司有以下较为鲜明的特征。

（1）高增长率。成长股公司通常表现出持续稳定的高增长率。这意味着它们的营业收入、利润和市值等关键指标都在相对较短的时间内实现了大幅增长。这种高增长率往往由行业需求的增加，以及公司市场份额的扩大、产品创新、有效的市场营销策略等因素所驱动。

（2）具有创新性和颠覆性技术。成长股公司通常致力于创新，通过引入新的技术、产品或服务来改变或颠覆传统市场。它们可能是新兴技术领域的领导者，能通过改进现有技术来满足市场需求。这些创新性和颠覆性技术使得这些公司业绩能够快速增长，并在竞争激烈的市场中保持竞争优势。

（3）高估值和高风险。由于市场对高增长潜力的广泛期望，成长股通常被高度评价，股价通常较高。因此，投资成长股具有一定的风险，因为高估值可能导致股价波动较大，当市场对其未来增长的预期不能实现时，股价可能会大幅下跌。

（4）分红较低或没有分红。相对于一些稳定盈利的公司股票，成长股通常更倾向于将利润用于业务的发展，而不是将利润直接分配给股东。因此，这些公司通常不会提供股息或仅提供较低的股息。这也反映了成长公司管理层更关注在短期内实现高速增长而不是给股东分红。

（5）管理层素质高。成长股公司处在高速发展的通道中，因此其管理层通常具备较高的专业素质和较强的管理能力，能够制定科学合理的战略和决策，推动公司持续高速发展。

（6）财务状况良好。成长股公司通常具有良好的财务状况，具备较强的偿债能力和盈利能力。

除此之外，投资大师菲利普·费雪在《怎样选择成长股》一书中，还总结了15个挑选成长股公司的问题，至今仍然适用，包括：公司是否有足够的发展潜力、营业额在未来几年是否能有大幅增长？公司管理层是否为了持续增长而积极开发新模式、新产品、新技术、新工艺？公司在研发投入和效率上如何？公司是否拥有比同行更强的销售能力？公司的盈利能力强不强？公司在维持和提升盈利方面做了哪些努力？公司的劳资和人事关系是不是很好？公司管理层内部关系是否和谐？公司的组织架构和管理阶层深度是否足够？公司在成本控制和精细化管理上能否做到位？公司在行业内是否有独到之处？公司短期和长期的盈利展望分别是什么？公司是否愿意通过资本手段（发行大量股票）获取资金以加速公司的发展？公司管理层对投资者足够坦诚还是只报喜不报忧？公司管理层是否正直可信？

事有巨细，物有轻重。投资者在选择股票作为成长股买入时，不妨依照上面的特征描述和15个问题，多向自己问几个为什么。

至于何时买入成长股，成长股投资大师费雪告诉投资者两个简单法则：其一，如果没有财务知识也没有时间研究，可考虑在特定的日子里购买，比如每月或者每季度的某日去买，然后就一直持有；其二，按照安全边际原则购买。前文提到过，安全边际原则指的是在进行投资决策时，投资者应该始终保证有足够的安全边际，以提高投资的成功率和安全性。这个概念由投资大师本杰明·格雷厄姆提出，并被广泛认可和应用。实践该原则的投资者通常会选择那些价格低于其真实价值的股票，同时对公司的财务状况进行仔细审核，比如确认公司的利润正常和可持续，债务水平低于行业平均水平等，这样可以降低投资风险并提高投资回报率。

当投资者选中并购买成长股之后，就要做好长期持有的准备，用费雪的话来说，就是"抱牢"，费雪给自己制定了"三年原则"，即持有至少三年，投资者可以参考。当然，即使是长线炒股，也并不是买来之后就放任不管，而是应该定期去跟踪调查，看看公司的基本面有无变化、当初选择它的理由是否仍然成立，再做决策。

三、选择蓝筹股

所谓蓝筹股，就是公司经营业绩较好，具有稳定且较高的现金股息的股票。该术语起源于西方赌场，赌场中，有蓝、红、白三种颜色的筹码，其中蓝色筹码最为值钱，后来人们将这个行话用于证券市场从而衍生出了"蓝筹股"。

市场中最容易与蓝筹股混淆的概念是绩优股，"绩优"只反映了历史业绩，而"蓝筹"不仅要回顾历史，更要展望未来。蓝筹股有着业绩优良、收益稳定、股本规模大、红利优厚、股价走势稳健、市场形象良好等特征。

那么，投资者该如何从 A 股市场中找到蓝筹股呢？

（1）研究市场指数。蓝筹股通常是市场指数的核心成分股，如上证 50、上证 180、沪深 300 等指数的成分股很多是市值较高、业绩稳定的蓝筹股。通过跟踪这些指数的成分股，可以找到潜在的蓝筹股。

（2）了解行业龙头公司。每个行业都有一些具有主导地位的公司，它们通常是该行业的领头羊，拥有强大的竞争力和较高的市场份额。研究和跟踪这些行业龙头公司有助于找到潜在的蓝筹股。

（3）研究财务指标。蓝筹股背后的公司通常具有稳定且可持续的盈利能力，反映在财务指标上也是非常优秀的，所以研究和分析股票的财务指标是很重要的。关注公司的利润增长、营收增长、净利润率、市盈率、股息收益率等指标，可以帮助投资者评估一个公司是否符合蓝筹股的标准。

（4）关注市场评论和分析报告。通过阅读经纪商、研究机构和专业投资者发布的市场评论和分析报告，可以获得有关潜在蓝筹股的有益信息。这些报告通常会涵盖公司的基本面分析、行业前景评估和投资建议等。

总之，在寻找蓝筹股时，需要综合考虑多个方面的因素，并进行深入的研究和分析。在过去十几年中，A股市场中涌现出了一大批蓝筹股，其主要代表公司如表3-1所示。

表3-1　A股蓝筹股代表公司（2010—2022）

分　类	代表公司
指标蓝筹股	中国移动、中国石油、中国海油、中国石化、工商银行、建设银行、中国银行、中国电信、招商银行、中国平安、中国人寿、中信证券
机场民航蓝筹股	上海机场、中国国航、南方航空
地产蓝筹股	万科A、招商蛇口、保利地产
煤炭蓝筹股	中国神华、中煤能源、兖矿能源
科技蓝筹股	海康威视、紫光国微
机械重工蓝筹股	中国船舶、三一重工、中联重科
电力蓝筹股	长江电力、华能国际、国电电力、国投电力
汽车蓝筹股	比亚迪、长安汽车、长城汽车、上海汽车
有色金属蓝筹股	中国铝业、山东黄金、中金黄金、江西铜业
农林牧渔蓝筹股	新希望、温氏股份、牧原股份
海运港口蓝筹股	中远海控、上港集团

还有一种更加便捷的寻找蓝筹股的方式，即利用同花顺的智能选股工具——"问财"。利用"问财"可以直接筛选出A股市场上的所有蓝筹股，如图3-1所示。在同花顺的"问财"页面，输入"蓝筹股"的条件关键词，立即可显示出A股共计285只蓝筹股，非常方便。同样，使用"问财"也可以智能筛选出上面介绍过的白马股、成长股等不同类型的股票，让投资者的选股变得更加简单。

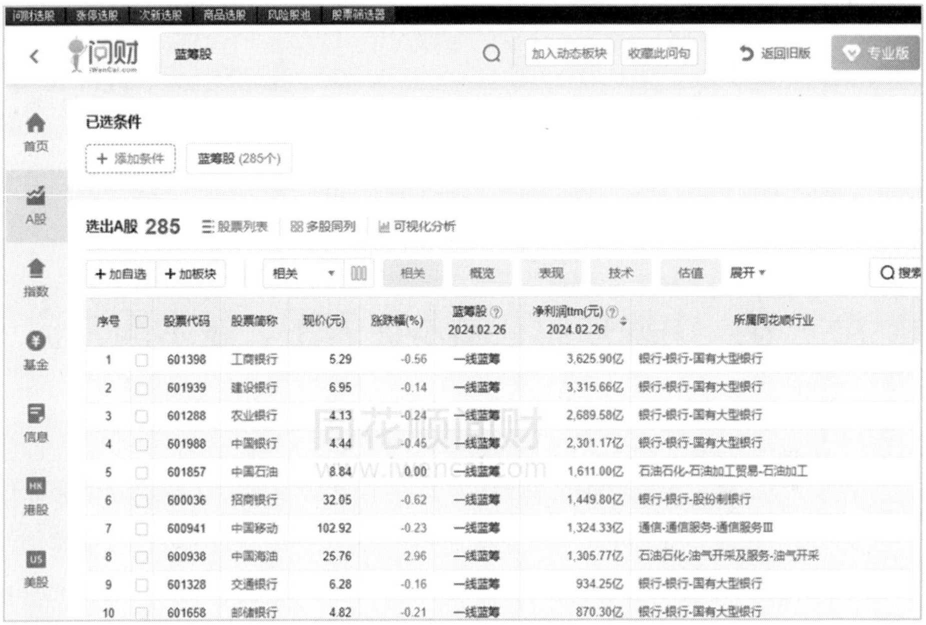

图 3-1　使用同花顺"问财"进行股票筛选

需要说明的是，蓝筹股并非一成不变。随着公司经营状况的改变及经济地位的升降，蓝筹股的排名也会变更。比如，据美国著名的《福布斯》杂志统计，1917 年的 100 个最大公司中，到 2010 年只有 43 个公司的股票仍在蓝筹股之列，而当初最"蓝"、行业最兴旺的铁路股票，如今完全丧失了入选蓝筹股的资格和实力。所以，投资蓝筹股不能一成不变，不能买入后就一直不管不顾，而是应该见机行事，适时改变投资标的。

其实，不仅仅是蓝筹股会经常变动，以上所说的白马股、成长股也不是一成不变的，它们都会随着市场经济周期而发生变化。投资者必须注意股市的变化，这样才能抓住股票市场的脉搏，用合适的价格买到优秀的长线投资标的。

第三节　中线炒股：基本面为主、技术面为辅

中线炒股是相对于短线炒股和长线炒股而言的投资策略，其时间跨度通常介于短线炒股与长线炒股之间。中线炒股的时间跨度并不绝对，不同的投资者会将中线股持有的时间范围定义为数周至数月不等，其具体的持仓周期会根据市场情况和个人的投资目标改变而变动。

股市中，很多投资者会选择短线强势股，快进快出，快速获利，这固然很诱人，但对投资者来说，操作过于烦琐，则预示着难度更大，更不容易控制风险。如果选择长线炒股，很多人都没有持续等待的耐心，也没有发掘牛股的长远见识，因此长线炒股也很难。对于散户来说，中线是比较容易把握的，操作起来也相对轻松，而且风险容易控制，获利也较为可观。

既然中线炒股对散户有着诸多好处，那具体该如何来操作呢？可以分三步走。

一、掌握中线选股思路

1. 以基本面分析为主

与短线炒股不同，中线炒股持有期较长，因而个股的基本面情况就显得至关重要，如：公司的行业特点是什么，在行业中地位如何，是否具成长性；公司的股本结构如何，是否具备炒作的条件；公司是否有新产品、新项目，是否介入高科技行业，其高科技特点是否具有垄断性或成长性；公司是否有重组迹象，新的

大股东基本情况如何；等等。尤其是要重点了解公司的经营业绩怎么样，如果公司连经营业绩都不能保障的话，其股票一定不能选择，如果公司经营业绩非常有保障的话，其股票是可以放心选择的。

此外，在中国股市中，业绩是决定股价上涨空间的一个方面，还要考虑能不能送股。因此在选择股票时，最好是选择含权（指含有送股权）的股票，这样可以增加投资者的股本。对于中长线投资者来说，如果长期看好公司的未来发展，那么买入股票后获得的送股是资金增值的最重要途径，因而能送股是中长线选股的一个重要条件。

2. 以技术面分析为辅

中线股的技术分析，以周K线图为主。毕竟日K线图只是股价每天波动的反映，如果过分沉迷于每日的股价涨跌，会"只见树木，不见森林"，因此要想在更长的周期中把握股价的走势，还得通过周K线图来观察。通常来说，选择周线在底部横盘整理时间较长，已经探明底部或正在缓慢盘升的个股为好，对于那些周K线向下回落的个股就要回避。中线炒股应以炒趋势为主，以周K线为中线炒股的重要的趋势线，只要没有放量跌破趋势线，就安心持股。

此外，技术分析不能只看个股趋势，还必须结合大盘行情。有的人做中线炒股，股票拿得越久，赚得越多；而有的人做中线炒股，股票拿得越久，反而亏得越多。这是为什么呢？大多数时候，投资者都喜欢从自己持有的个股上找原因，却很少从大盘行情上找原因。其实，大盘行情对个股走势影响巨大。仔细观察就会发现：在大盘行情好的时候，好好地把股票拿住，坚持住，最后往往都会"守"到丰硕的结果；而在大盘行情不好的时候，股票拿在手里，要么大跌，要么阴跌，最后往往被套牢。可以这样说：股市中，只有极少数个股会逆大盘而行，而且只会是短期的，中期必定会和大盘走出一样的趋势。所以，在选择中线炒股时，一定要和大盘趋势结合起来。把握好大盘行情，是做好中线炒股的基础。

通过基本面与技术面相结合分析，可以找出一批个股，对它们进行比较筛选，才能确定真正合适的买入对象。

二、找准中线买入时机

1. 在突破阻力位时买入

何谓阻力位？当某只股票的股价一直在一个区间内波动，并多次尝试但无法突破某个价位时，该价位即是该个股上涨的阻力位。按照"惯性定律"，一旦股票放量上涨突破该阻力位，股价将会迎来较大的上涨空间，通常涨幅会达到30%以上。此时，可以迅速跟进买入。

2. 在个股整理洗盘到位后买入

根据历史规律，每只股票的中期行情都不会一步到位，往往是盘旋而上的，需要经历3~5浪的上升。就算是强势的股票，中间也会经历调整、洗盘的阶段。当然，此时股价的回落有可能是真的结束上涨了，也可能只是盘中休整。那该怎么办呢？如果该股价回调一段时间后，各均线仍然呈多头排列，那么在股票相对低位拉出较大的阳线或带有成交量的中阳线之时，即可选择买入。

3. 人弃我取，适时抄底

在对基本面情况有所了解的前提下，选择长期"卧底"被人忽视的股票，是中长线操作的又一成功之道。有的股票因上市时适逢市场低谷，或由于行业背景欠佳，或未被庄家进驻炒作，股价长期处于底部，波澜不兴。为市场忽视的这类股票大多市盈率较低，具有很好的投资价值，但由于未经市场炒作，所以股价长期停滞。人们囿于追涨杀跌的操盘定势，这类股票在股价"启动"之前，往往无人问津。而股市高手则会非常看好这类股票的潜在价值，在大行情的波底买入这类股票，日后可获得巨大的收益。通常来说，买入这类股票只会输时间，不会赔钱，而一旦股价进入涨升阶段，则升值潜力难以估量。

三、牢记中线炒股禁忌

1. 随意选择股票

有些投资者认为中炒股资只需要在股价低时买进,然后持有该股票足够长时间就能获利。然而,股票的"质地"非常重要,如果没有进行充分的基本面分析研究,盲目选择一些垃圾股票进行中线炒股,很可能不会有回报,甚至会血本无归。

2. 没有具体的操作计划

应制订操作计划,明确投资的目标和时间跨度。确定投资的入场点(买入价格)和出场点(卖出价格),并考虑设置止损位以规避风险,这样有助于实践投资思维,坚定持股信心,并最终获得中线炒股的成功。否则就会随意而为之,错误百出。

3. 频繁看盘

中线操作切忌忍不住经常看行情,因为短线的波动而改变自己的操作计划。

4. 满仓操作,一次清仓

能够始终坚持半仓操作最好,这样进退自如,能够较好地控制仓位,也就控制了各种可能发生的风险,同时也使买跌和补仓成了可能。在抛售一只股票时,不要一次性清仓,因为当股票账户上没有该只股票时,投资者会忘记它或很少再关注它,有可能错过在底部重新买入它的时机。

5. 忽略市场行情

有些投资者认为中线炒股就像存款一样,买了股票之后就不再关注,期待着不费力地获得大笔财富。这种理念实际上是自欺欺人。中线炒股的根本目的是获利。当股价的上升势头受到阻碍,市场整体趋势转弱,或者上市公司的发展趋缓,逐渐失去投资价值时，投资者应果断调整投资组合，减少持仓并卖出股票。买入了再好的股票，也要顺势而为、高抛低吸，如此才能让投资收益最大化。

总而言之，选择中线炒股，是散户相对容易盈利的投资策略。但是，这并不意味着中线炒股就一定能赚到钱，只有掌握了基本面与技术面相结合的选股思路，在合适的位置买入中线股，并且严格遵循中线炒股规律，中线炒股才能真正实现稳定盈利。

第四节　短线炒股：抓住市场热点，找到龙头股

短线炒股是 A 股市场中非常流行的一种股票交易方式，它的买卖股票的时间较短。对于具体持续时间则没有明确的规定，可以是几周、几天甚至更短。从参与者的心理角度来看，自然是希望持续的时间越短越好，有人甚至追求极限，即仅仅在当日收盘前买入，次日开盘不久便卖出，这被视为超短线交易。

概率论告诉我们这样一个结果：在短期内，一个人做的决策越多，出错也会越多。所以，相对于中长线炒股方式而言，短线炒股出错更多，这也就预示着短线炒股的操作难度更大。尤其是投资新手，把短线炒股真正做好是一件相当困难的事情，不仅仅要付出常人难以想象的精力，还必须有超高的投资领悟能力。

当然了，对于真正的短线高手来说，其本金翻倍的速度也是最快的，少则几天就可能盈利 100%。正是因为短线炒股具有快速获利的特征，所以市场中大部分散户都喜欢采用短线炒股模式，A 股市场中流传的各大"民间股神"所推崇的也基本都是这种炒股模式。

短线炒股如此受 A 股股民青睐，那么，如何才能做好短线炒股呢？市面上有许许多多的流派和战法，大家可以自行学习。需要注意的是，在开始短线炒股之前，投资者需要学习和掌握短线炒股的基本知识和技巧，学会股票的基本面分析和技术分析，了解股票背后公司的价值和前景。盲目投机要不得，须知：股市有风险，入市须谨慎。下面介绍适合投资新手学习的短线炒股基本要点，相信对于

投资高手来说，这两个基本要点也是适用的。

一、抓住市场热点

对于短线炒股这种股票交易模式，核心要点就是对市场热点题材的把握和应对。可以这样说：把握题材热点，是短线投资者的基本功，特别是在一些超短线交易中，对热点题材个股进行精准抓取，是提高投资成功率的一条捷径。

热点如此重要，那什么是热点？

在股市中，"热点"通常指的是与某些特定行业、板块或个股相关的热门事件。热点分为大题材和小题材：大题材活跃的时间会长一些，比如，数字经济、半导体等题材，第一波错过了，等回调后买入，还有盈利的机会；小题材是由突发事件导致的投资热点，比如，华为发布手机这种热点事件导致华为相关概念板块成了热点，但这种题材的持续性比较差。

热点板块的特点有三个。其一，成交活跃。从成交量上来看，个股或整个板块的成交量连续放大，资金持续介入。其二，走势强于大盘。牛市中，热点主导行情，带领大盘一路走高；熊市中，热点人气不减，逆势上行成为弱势行情里的避风港。其三，具有联动性。该热点板块形成时，除了龙头个股上涨外，其他板块内个股也应上涨，若只有一只两只上涨，无联动性，则不会有热点的持续形成。

而热点之所以是热点，主要是因为它的优势十分明显：其一，热点能够聚集主力资金，决定着市场运行的方向。因此，进入市场就要先找准方向，而要把握好市场方向就要找准市场热点。通常讲的"要牢牢把握市场热点"的道理就在于此。其二，通过热点选股可以提高获利效率。热点板块推动整个大盘的上扬，持续性热点板块跟风资金介入多，上涨幅度大，利润高，是短线及波动爱好者的必选。稍有经验的人都知道，每一波行情中热点板块和热点龙头股一般上涨最快，幅度最大，而非热点股要么不涨，要么涨幅明显落后于大盘。"赚了指数没赚钱"的根本原因，就在于手中所持股票不是热点股。其三，每当热点出现时，各类媒体会集中予以报道追踪，所以该类股票比较容易被发现。

那么，散户具体该如何捕捉市场热点？

（1）关注突发事件。股市中，突发事件容易引起资金快速流入，引爆热点题材。经常有人说，"有资金就有行情"，因此许多投资者往往特别喜欢关注资金流向、成交量来发掘热点板块。但事实证明，有资金流入并不见得股价就会出现爆发性上涨。很多时候，股价快速上涨更需要"引爆点"，而一些突发事件往往可以引发某一题材板块的短期爆发。比如 2008 年发生了汶川地震，由于灾情十分严重，灾后重建必然需要大量钢筋水泥，于是四川省内的相关公司股价出现大幅上涨；再如 2023 年 8 月，日本政府要将核污水排入大海，人们拒绝食用日本进口海鲜，引起国产海鲜替代公司的股价连续大涨。这些例子说明，关注突发事件，能迅速抓住热点。

（2）关注国家政策的新动向。一直以来，A 股都被称为"政策市"，国家政策有什么风吹草动，很快就会在股市中引起反应。遇到国家新出台的某项政策对某个行业或板块构成重大利好，各路资金一拥而上，行情马上就起来了。比如，2018 年以来，国家连续出台鼓励新能源行业发展的政策，例如提供补贴、减税优惠、扶持政策等。这些政策的出台，造就了一大批电动汽车（如比亚迪）、锂电池（如融捷股份）、光伏设备（如隆基股份）板块的大牛行情。

（3）关注社会经济形势的新变化。正所谓股市是经济的晴雨表，国家经济形势的重大变化，必然会引起股市炒作热点的变化。特别是市场中的供需变化，往往会对热点产生比较大的影响。比如，随着互联网经济的发展，最近这些年里，人们更倾向于通过网络购物。这也导致了电商与快递板块的走热，造就了顺丰控股、京东等大牛股。

以上三点，是抓住股市热点的通用方法。除此之外，在同花顺 App 中有"热点"功能，通过该功能查看涨幅大的股票，以及近期热点事件和关联股票的表现，就能找到热点题材。

二、买入龙头股

当找到热点题材后，是不是可以随便选一只股票买入呢？

当然不是。虽然题材是热点，但不代表该题材中的所有个股都是好股票。哪怕同处于热点板块中，股票也有好有坏。有的涨得快，有的涨得慢。

对短线操盘者而言，此时最重要的是找到热点板块中的龙头股。只有选择龙头股，才能让风险最低，收益最高。买龙头股才是短线的最佳交易策略。

顾名思义，龙头股就是热门板块中的"带头大哥"，它的特点是：涨停速度最快、流通市值适中、让投资者受益最直接、历史地位较高、资金参与度较高。

要想发现龙头股，就需要关注主力资金的流向，毕竟，热点龙头股的连续涨停，基本都是主力资金合力的结果。

如何找到龙头股呢？根据龙头股的特点，可以通过三个维度寻找到龙头股。

第一，看涨幅。一般来说，热点板块中，龙头股是最先上涨、涨幅最快、涨停最多的。

第二，看基本面。龙头股通常具有较好的基本面和业绩表现，在行业中具有领导地位，因此要关注股票的基本面和业绩表现，以及公司的财务状况、盈利能力、偿债能力等方面的情况。

第三，看成交量。龙头股一般最受资金青睐，因此短时间内成交量会放大。

当前很多股票投资软件，都有着健全的热点跟踪和龙头股筛选功能，比如同花顺推出的"问财"功能，有助于快速筛选出热点板块中的龙头股，满足了短线选手的操作需求。

发现龙头股后，何时买入呢？在市场比较好的情况下，要么即时买入，要么等回调后再买入，通常第一波价格回调至5日均线即可买入，在市场不好的情况下，等股价回调至 10 日均线再买入。

短线炒股的核心，就在于一个"炒"字，这个字的部首就是火字旁，也就是把股票炒成热点才算是真正意义上的炒股，也只有热点才能让投资者短时间内迅速获利。

总之，短线炒股的关键点，在于把住市场脉搏、捕捉到市场热点板块，然后坐上龙头股的"快速列车"。不过需要注意的是，每个热点题材持续的时间可能不同，这取决于题材大小、题材新颖度、大盘环境、人们的情绪周期、外围环境，等等。持续性好的题材，可能还会有二波三波上涨，持续拓展；而持续性不好的题材，可能一波上涨后就结束了。短线选手需要具有超强的盘感和认知，才能准确判断热点题材处于哪个发展阶段。

第五节　个股分析：通过财务指标排除"地雷"

谈到股票投资，很多投资者其实是怀着投机的心理去对待的，有的怀着"搏一搏，单车变摩托"的赌博心态进入股市，有的得到了"内幕消息"梦想一夜暴富而扎进股海，还有的学了一些技术分析的皮毛就觉得洞察股市真谛而跳进了 A 股汪洋……大部分的结局可能是：遇上了第 N 次"3000 点保卫战"，看着自己的股票被套牢。整体市场不好时还可以抱怨几句，慢慢等待股市恢复，若是遇到了"地雷股"，那可真是"怨"天天不应、"怨"地地不灵了。

何谓地雷股？地雷股一般指那些由于公司的造假被揭露、突发的业绩下滑、长时间停牌或前期遭大幅炒作等原因，导致股价急剧下跌甚至连续跌停的股票。

近些年 A 股市场最有名的地雷股，当属"康美药业"。2021 年 4 月 17 日，康美药业（此时已经是 ST 康美）发布了一份业绩预告更正公告，预计 2020 年度归属于上市公司股东的净利润亏损为 244.8 亿~299.2 亿元，预计归属于上市公司股东的扣除非经常性损益的净利润亏损为 240.3 亿~293.7 亿元，成为 2020 年 A 股上市公司中年度最大亏损纪录。康美药业的风波起自 2018 年 12 月 28 日中国证券监督管理委员会针对该公司发出《调查通知书》，这让康美药业自 2016 年至 2018 年连续财务造假案浮出水面，康美药业被正式调查，受该事件影响，康美药业股价一路下滑，由 2018 年 5 月 29 日复权最高价 27.99 元/股，跌至 2021 年 4 月 20 日的 1.86 元/股，跌幅高达 93.35%，市值蒸发了 1298.66 亿元，给投资者带来了严重损失。

对于普通投资者而言，由于专业能力和其他方面的限制，无法对上市公司进行深入研究，也往往要等到公司业绩造假的事实大白于天下时，才能充分认识到其中的风险，只是到了此时，投资者通常已经蒙受了重大损失。

那么，有没有办法避免踩中这种"地雷"？当然是有的。在对个股进行分析时，可以通过财务指标对其进行筛选和评估，判断其财务是否健康，从而排除潜在的投资风险。例如，当下的大部分炒股软件，都有"F10"功能，可以帮助投资者快速找到个股的各项财务指标和基本面相关信息，投资者在投资选股的过程中可以多多应用。

具体来说，投资者可以关注一个公司的六大常用财务指标，并将其与同行业公司进行比较，来判断该公司的财务状况与该个股的风险。

一、价值评估指标

1. 市盈率

市盈率主要用于衡量一个公司的股票价格与其每股收益的关系。高市盈率可能意味着估值过高，而低市盈率可能意味着有投资机会。

2. 市净率

市净率主要用于衡量股票价格与公司每股净资产的关系。较低的市净率可能意味着股票的估值较低，更具投资吸引力，而较高的市净率可能意味着风险较高。

二、资产质量指标

1. 资产负债率

资产负债率主要用于衡量公司的债务水平。较高的资产负债率可能意味着公司面临较高的债务风险，而较低的资产负债率可能意味着公司财务状况较好。

2. 总资产周转率

总资产周转率用于衡量公司的资产利用效率。较高的总资产周转率可能意味着公司能够更有效地利用资产，而较低的总资产周转率可能意味着资产滞销或低效。

三、盈利能力指标

1. 净利润率

净利润率用于衡量公司净利润占营业收入的比例。较高的净利润率可能意味着公司盈利能力强，而较低的净利润率可能意味着公司盈利能力较弱。

2. 净资产收益率

净资产收益率用于衡量公司净利润与股东权益的关系，因此又称"权益净利率"。较高的净资产收益率通常意味着公司在利用股东投资方面表现出色，而较低的净资产收益率可能意味着公司的盈利能力较弱。

四、成长性指标

1. 销售收入增长率

销售收入增长率用于衡量公司销售收入的增长情况。较高的销售收入增长率可能意味着公司具有较好的业务增长潜力，而较低的销售收入增长率可能意味着公司发展较为疲软。

2. 净利润增长率

净利润增长率用于衡量公司净利润的增长情况。较高的净利润增长率可能意味着公司盈利能力较强，而较低的增长率可能意味着公司发展受限。

五、财务稳定性指标

1. 资本结构

资本结构主要是指公司的股权结构和债权结构。投资者可以考虑公司的债务水平和股东权益比例，以评估公司的财务稳定性和偿债能力。较高的负债比例和不合理的负债结构可能增加公司的财务风险。

2. 偿债能力指标

偿债能力指标有很多，例如利息保障倍数和流动比率。利息保障倍数反映了公司净利润与支付利息的关系，较高的倍数意味着公司具有较好的偿债能力。流动比率是指公司流动资产与流动负债的比率，较高的比率意味着公司当前的偿债能力较强。

六、现金流指标

1. 自由现金流

自由现金流指在不影响公司持续发展的前提下，可供分配给公司资本供应者的最大现金额。较大的自由现金流可能意味着公司有较多的现金用于投资、分配股息或进行其他活动。

2. 现金比率

现金比率指公司的现金与总资产的比率，反映了公司的即时付现能力。较高的现金比率可能意味着公司有较好的流动性和应对突发事件的能力。

明白了如何评估公司的财务指标后，再来看一个通过财务指标排除"地雷"的真实案例。

2018 年，一个名为神雾节能的公司在股票市场中引起了广泛的关注。该公司宣称其业务模型非常有创新性，并且具有巨大的增长潜力。然而，在对其财务状况进行深入研究时，投资者发现了一些财务指标的异常情况。

首先，投资者注意到公司的净利润率在前三个季度从 22%不断下降至 8%。同时，公司的资产负债率较高，达到了 55%，高于同行业的平均水平。这引发了投资者的疑虑，因为一个具有健康盈利能力的公司通常应该有相对稳定的净利润率和较低的负债率。

其次，投资者还观察到公司的现金流状况。尽管公司声称拥有巨大的业务增长潜力，并需要大量的资金投入，但公司的自由现金流在前一年为负值，这表明公司的现金流状况不稳定，依赖于筹集资金来支撑其运营。同时，公司的经营现金流净额（经营现金流入量与流出量的差额）也出现较大波动。这引起了投资者的担忧，因为经营现金流波动较大可能表明公司存在盈利品质下降的风险。

最后，投资者对公司的应付账款进行了研究。他们发现，公司的应付账款显著增加，从 2.61 亿元增加至 6.08 亿元，占总资产的比例达到 46.5%，也高于同行业的平均水平。这可能表明该公司在供应商侧的风险增加了，公司的运营能力受到了影响。

基于对这些财务指标的观察和分析，一些投资者决定不投资该公司的股票，因为这些指标暗示该公司可能面临潜在的财务风险和不确定性。事实上，该公司后来陷入了严重的财务困境，证实了投资者通过财务指标排除潜在"地雷"的决策的可靠性。

可见，通过仔细研究财务指标并将其应用于实际个股分析中，投资者可以更全面地评估个股的财务状况和潜在风险。这有助于投资者避免投资可能存在财务困境的公司，从而降低投资风险并增加投资回报。

需要说明的是，财务指标只是评估个股的一部分工具，投资者还应该综合考虑其他因素，如行业前景、公司竞争力、市场地位等。此外，投资者还应该注意财务数据的真实可靠性，以免受到虚报或误导性数据的影响。最好基于多个角度和数据进行综合分析，并寻求专业的投资建议，以辅助投资决策。例如，同花顺软件的"F10"功能和"研报"功能，就可以帮助投资者快速了解个股的财务情况，并提供专业的投资分析与建议，辅助投资者做出正确的决策。

第四章
何时买股票，何时卖股票

第一节　都说技术择时，那技术是什么

在股市中，技术分析法是通过对股票的技术指标进行分析和解读，预测未来市场走势，制定买卖策略的方法。一般认为，技术分析的理论基础是道氏理论，道氏理论在 1884 年由"技术分析的鼻祖"查尔斯·道提出（他还是道琼斯指数的发明者、《华尔街日报》的创始人）。

简单来说，技术分析的核心观点是：基于市场历史数据和价格走势可以预测未来的市场表现，投资者可以根据股票的涨跌幅、价格波动、成交量等数据指标，运用各种技术分析工具，得出投资决策的依据。

常见技术分析主要有 K 线分析、趋势分析、形态分析、成交量分析、均线分析、技术指标分析，以及波浪理论等，由于篇幅所限，本书仅从理论角度简要介绍这些技术分析方法的基础概念，从而让大家对技术分析有框架性认知。

一、K 线分析

K 线分析应该是股票投资者最常用的，也是最基础的技术分析方法，投资者通过对 K 线图进行分析，从而判断股市的未来趋势。

K 线图是一种以直观的图形方式展示股价变动的工具，它起源于日本德川幕府时代，当时日本米市的商人用它来记录米市的行情和价格波动。后来，其由于独特的标记方式，被引入股市和期货市场。在股市中，K 线图是进行各种技术分

析最重要的图表，后面提及的趋势分析、形态分析、均线分析，都需要在K线图上进行画线分析，可以说，K线分析是技术分析的起点。

每根K线都包含四个要素：开盘价、收盘价、最高价和最低价，这四个要素包含了当日的综合信息和多空力量的实力对比。单根K线可以分为阴线和阳线，如图4-1所示。阴线是收盘价低于开盘价的形态，它表明在开盘与收盘之间的时间段内，个股出现了下跌；阳线则是收盘价高于开盘价的形态，它表明在开盘与收盘之间的时间段内，个股出现了上涨。

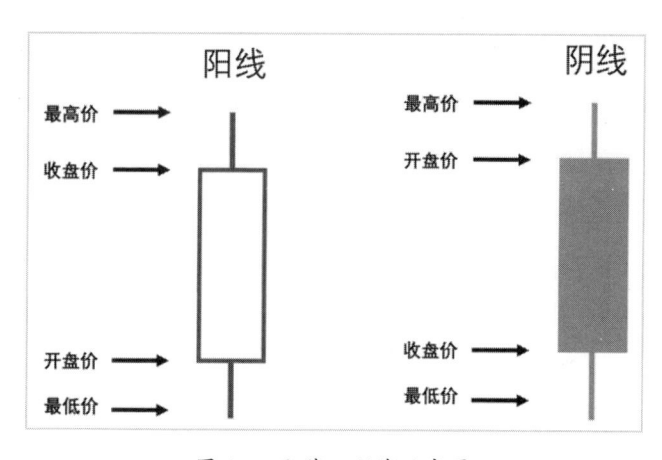

图4-1 阳线、阴线示意图

在K线分析中，主要通过K线和K线组合的形态来分析多空双方力量转变情况，把握价格后期走势。单根K线大致有12种形态，包括大阳线、中阳线、小阳线、大阴线、中阴线、小阴线、长上影线、长下影线、十字星、T字形、倒T形和一字线，每种K线形态都反映了当日单只股票多空力量的交锋情况。K线组合形态则多种多样，甚至同样的形态不同的人有不同的叫法，在此不一一介绍了，感兴趣的读者可以寻找相关专业书籍阅读学习。

不过需要提醒的是，K线分析虽然能够让投资者准确地掌握股价历史走势情况，但由于K线形态种类繁多、所代表意义不尽相同，因此使用起来较为困难，建议在使用K线分析时与其他技术指标相结合，例如成交量、移动平均线、相对强弱指标等。这些指标可以提供额外的信息，帮助投资者更容易、更精准地分析市场趋势和预测未来走势。

二、趋势分析

趋势分析也是股票投资技术中最常用的方法之一，它主要通过研究股价的变化方向和波动幅度，来预测未来的市场趋势。这种分析技术的一大前提假设是，市场一旦形成趋势，就将沿着这个趋势（上涨或者下跌）的方向继续进行，直到外部因素打断这个趋势。具体来说，股票的走势主要包括前文中提到的三种趋势（见图 2-1～图 2-3）。

（1）上升趋势。在上升趋势中，股价会持续上涨，每次回调都会找到新的支撑位。投资者观察股票的上升趋势，并结合相关技术指标，就可以辨别出股票的买入时机。

（2）下降趋势。在下降趋势中，股价会持续下跌，每次反弹都会遇到新的阻力位。投资者观察股票的下降趋势，并结合相关技术指标，就可以辨别出股票的卖出时机。

（3）横盘整理。股票在横盘整理阶段，价格波动较小，形成相对平稳的趋势。此时，投资者可以采取逢低买入、逢高卖出的策略，以获取利润。

在趋势分析中，常用的工具有趋势线和移动平均线——趋势线是连接股价图中的峰值或谷值的直线，移动平均线是根据一段时间内的平均价格画出的线条。假设某只股票在过去一段时间内一直是上涨趋势，我们可以通过画趋势线或移动平均线来确定支撑位和阻力位，并根据这些位置来制定买入和卖出策略。如果股价达到了阻力位，则可能会出现价格下跌的情况，这时可以考虑卖出；如果股价达到了支撑位，则可能会出现价格上涨的情况，这时可以考虑买入。

趋势线的画法并不复杂。对于上升趋势，可以连接其底点，使得大部分底点尽可能位于同一条直线上；而对于下降趋势，可以连接其顶点，使得大部分顶点尽可能位于同一条直线上；对于横盘趋势，可以将顶点和底点分别以直线连接，形成振荡区间。图 4-2 为三种趋势线的画法示意图。

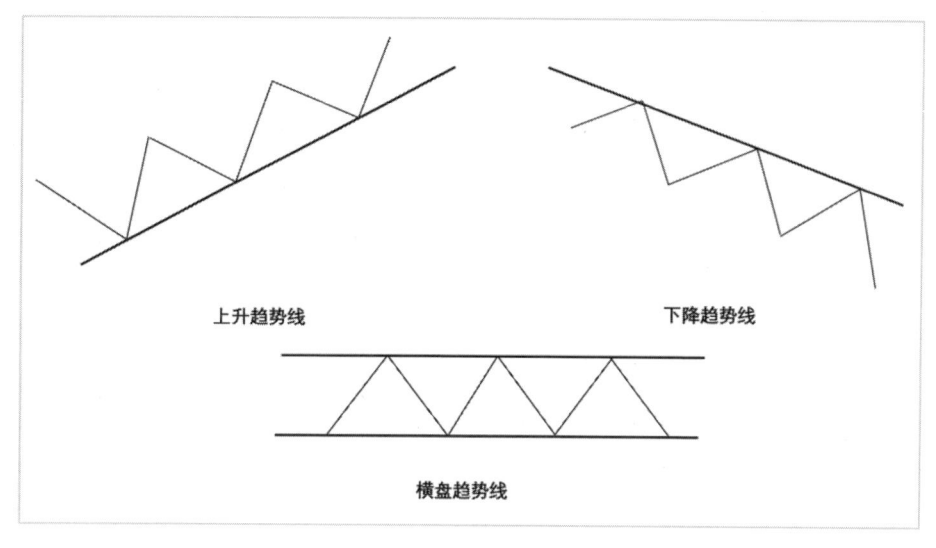

图 4-2　三种趋势线的画法示意图

三、形态分析

形态分析也是股票投资技术分析中的一种常用方法，它是通过研究股价而得出的图表形态，用来预测市场反转和股票的走势。它与 K 线分析的区别在于：K 线组合强调的是通过观察市场中多空力量对比推测后续市场发展趋势，而形态分析则是通过过去一段时间的轨迹形态来预测价格的未来走势。

形态分析将形态分为两大类：反转形态和整理形态。

（1）反转形态。反转形态指股价改变原有趋势所形成的运动轨迹。反转形态存在的前提是市场原先就有一定的趋势，而经过横向运动后改变了原有的方向。形态的规模越大，新趋势出现的可能性就越大。主要反转形态包括双重顶形态和双重底形态、三重顶形态和三重底形态、头肩顶形态和头肩底形态、圆弧顶形态和圆弧底形态、V 形顶形态和 V 形底形态，当这些形态出现的时候，可以通过画线的手段，找到相应的买点或卖点。

（2）整理形态。整理形态是指股价向一个方向经过一段时间的快速运行后，不再继续原趋势，而在一定区域内上下窄幅波动，等待时机成熟后再继续前进。主要的整理形态有四种：三角形态（对称三角形、上升三角形、下降三角形）、矩形形态（上升矩形、下降矩形）、旗形形态（上升旗形、下降旗形）、楔形形态（上升楔形、下降楔形）。

需要注意的是，虽然形态分析中的各个常见形态都有相对应的操作方法，但由于市场变幻莫测，正确识别形态以及判别形态的真假都是有一定难度的。同时，即使非常经典的形态图，也不过是对人类交易历史经验的总结与归纳，并非百分之百准确。因此，在使用形态分析技术进行股票投资交易时，还需要结合其他技术指标以及基本面分析进行研究判断。

四、成交量分析

成交量分析是炒股技术的重要组成部分，它是指通过分析股票成交量的变化来判断市场中的买卖力量。在股票交易中，成交量是相当重要的，因为成交量越大，就越能反映出股票交易的真实情况，成交量越小，就越容易出现虚假交易的情况。

1. 成交量与价格的关系

在分析股价时，通常需要同时关注成交量的变化。一般来说，如果股价在大量成交的情况下出现上涨，那么这可能是一个上涨趋势到来的信号。如果成交量下降，但股价仍然上涨，这可能是短暂的上涨，随时可能反转。反之，如果成交量下降而股价下跌，那么可能会出现短暂的下跌；如果成交量上涨而股价下降，则可能意味着股价将进一步下跌。

2. 成交量的突破

当股票的成交量突破前一天或前几天的高点时，通常预示着市场可能会发生一定程度的反转，投资者可以借此判断买卖的时机。

总之，成交量是判断股票交易真实程度、反映股价变动强度、选择股票和买卖点的重要指标之一，因此在进行股票技术分析时，要从量价关系的角度出发去判断市场行情。

五、均线分析

均线又称移动平均线，是股票技术分析中的重要工具之一，它可以帮助投资者更准确地判断股价的趋势，确定支撑和阻力水平，为投资决策提供参考。一般认为，均线是美国投资专家葛兰威尔创建的，由道氏股价分析理论的"三种趋势说"演变而来。

均线对应的股价的计算方法比较简单，它是某段时间内股价的平均值，均线按时间长短可分为短期均线、中期均线和长期均线。短期均线比较常用的有 5 日均线、10 日均线、20 日均线、30 日均线；中期均线比较常用的有 45 日均线、60 日均线、90 日均线；长期均线比较常用的有 120 日均线、250 日均线。

因为均线在股价走势中可以起到支撑和压制的作用，所以可以通过观察股价对均线的突破，来判断后续的行情。葛兰威尔根据股价和均线的关系设计了一套交易判断法则，即葛兰威尔八大买卖法则，包括四大买入法则和四大卖出法则，感兴趣的读者可以自行搜索学习。

需要注意的是，均线只是一种参考指标，不能单独作为投资决策的依据。在实际操作中，投资者需要结合其他技术指标、基本面等多种因素进行综合分析。例如，假设某只股票的 5 日均线和 20 日均线均呈现向上趋势，且股价稳定上涨，这时候可以考虑买入该股票。但是，如果该股票背后的公司基本面存在问题，例如公司财务数据不佳、行业前景不明朗等，那么投资者仍需慎重考虑。

六、技术指标分析

技术指标是基于股价和成交量等数据计算的衡量股票走势的工具。股票市场变幻莫测，技术指标的存在就是为了帮助投资者识别股价的趋势、波动和力量等变化，以此为依据做出明智的交易决策。股市中，比较常用的技术指标有以下这些。

1. MACD

MACD 即指数平滑异同移动平均线，可以说是股票交易中最常见的技术分析指标，它是用来确定趋势、买入和卖出信号的指标，是基于收盘时股价或指数的快变及慢变的移动平均值（EMA）之间的差值计算得出的。"快"指较短时段的 EMA，"慢"指较长时段的 EMA，最常用的是 12 日和 26 日 EMA，即 EMA12 和 EMA26。

快线 EMA12 和慢线 EMA26 的差值为 DIF 线，通过计算 DIF 线的 9 日加权移动平均值得可到 DEA 线。MACD 指标的应用方法主要是观察其形态。比如一般认为，当 DEA 线和 DIF 线处于零轴以上时，属于多头市场，处于零轴以下时，属于空头市场；当 DIF 线自下而上穿越 DEA 线时，这个形态叫作 MACD 金叉，是买入信号，投资者可考虑买入；当 DIF 线由上向下穿越 DEA 线时，就形成了 MACD 死叉，是卖出信号，投资者应该考虑卖出。图 4-3 是 MACD 指标金叉与死叉实盘示意图。关于 MACD 指标的应用方法有很多，大家可以寻找相关资料进行学习。

需要注意的是，由于 MACD 是中、长线指标，因此并不适合用来指导短线操作。另外，在震荡行情中，由于股价变化不大，MACD 买卖信号常常失真，而行情迅速大涨大跌之时，MACD 也不会立即产生信号，无法发挥作用。

图 4-3　MACD 指标金叉与死叉实盘示意图

2. KDJ 指标

KDJ 指标也被称为随机指标，是一种非常新颖实用的技术分析工具。它起源于 20 世纪 50 年代，是基于价格动量的指标，主要用于研究股价的转折点和趋势，判断股票是否超买或超卖。K 线为快速指标，代表股价在近期行情中的位置，D 线为慢速指标，代表股价的平均位置，两者的取值范围都处于 0 到 100 之间，J 线是衡量的 K、D 两线间距离的辅助指标，取值范围则可以超过 100 和低于 0。不过在分析软件上 KDJ 的研判范围都是 0～100。

当 K 线与 D 线发生金叉，即 K 线上穿 D 线时，就是买入信号，预示着股价有上升趋势；当 K 线与 D 线发生死叉，即 K 线下穿 D 线时，就是卖出信号，预示着股价有下降趋势。另外，当 KDJ 指标位于 80 以上时，通常被认为是超买状态，可能出现下跌趋势；当 KDJ 指标位于 20 以下时，被认为是超卖状态，可能出现上涨趋势。

在图 4-4 中，K 线上穿 D 线，形成金叉，且 KDJ 指标位于 20 以下，接下来股价迎来了一次上涨；当 K 线自上而下穿越 D 线时，形成死叉，股价随后出现了下跌趋势。

图 4-4　KDJ 指标金叉与死叉实盘示意图

需要注意的是，KDJ 技术指标一般只适用于股价波动比较频繁的市场，如短期股票交易和期货市场，而并不适用于长期投资，投资者在使用 KDJ 指标时，应结合其他技术指标和基本面分析，来制定更全面的投资策略。

3. 布林线

布林线是一种路径指标，反映了股价的波动状况，主要用于显示价格的标准差，是用来研判股价运动趋势的一种中长期技术分析工具。

布林线由三条线组成：中轨、上轨和下轨。其中，中轨是股价的简单移动平均线，上下轨分别位于中轨加减标准差的位置，标准差的数值可以根据实际需要进行调整。这三条线可以帮助投资者判断股价的波动范围以及未来可能的走势。图 4-5 为布林线实盘示意图。

图 4-5 布林线实盘示意图

布林线指标有三大作用。

其一，进行趋势判断。当股价趋势向上时，一般情况下会保持在中轨上方，当趋势向下时，则一般会保持在中轨下方。

其二，作为超买超卖信号。当股价触及或突破上轨时，意味着股票可能已经超买，建议卖出或观望；当股价触及或突破下轨时，意味着股票可能已经超卖，建议买入或观望。

其三，进行市场波动变化判断。当标准差（MD）较小，布林线收缩时，代表市场波动性较弱；反之，当标准差较大，布林线扩张时，代表市场波动性较强，价格可能迅速变动。

4. 相对强弱指标（RSI）

RSI 主要用于衡量股票的超买和超卖情况。它能够提供关于市场走势和价格趋势的重要信息，帮助投资者做出更明智的交易决策。RSI 技术的原理是通过比较一段时间内的平均收盘涨幅和平均收盘跌幅来分析市场买沽盘的意向与实力，从而判断市场未来的趋势。通常使用 6 日、12 日、24 日三个不同时间段的数据来计算 RSI，分别为 RSI6、RSI12、RSI24，代表了不同时间段内的价格走势。其计算公式为：RSI=100−[100/(1+RS)]，其中 RS=平均涨幅/平均跌幅，涨跌幅的计算方式为当日收盘价减去前一交易日收盘价。RSI 的取值范围为 0~100。一般来说，当 RSI 超过 70 时，表示股票超买，可能会有调整的风险；当 RSI 低于 30 时，表示股票超卖，可能会有反弹的机会。投资者可以根据 RSI 的变化，制定相应的买入和卖出策略。例如，如果一只股票的 RSI 超过了 70，则意味着股价已经过高，投资者可以考虑卖出股票或者等待价格回调后再入手。另一方面，如果 RSI 低于 30，则意味着股价已经过低，投资者可以考虑买入股票或者等待反弹后再入手。图 4-6 为 RSI 指标实盘示意图。

图 4-6　RSI 指标实盘示意图

七、波浪理论

波浪理论是由美国著名技术分析大师艾略特发明的一种价格趋势分析工具。艾略特在长期观察市场波动后认为，股价运动遵循波浪起伏的规律，市场中的任何涨跌都属于长期波浪的片段，且波浪的模式会重复出现，即呈现周期性循环的特点。艾略特认为，一个完整的周期有 5 个上升浪（即第 1 浪、第 2 浪、第 3 浪、第 4 浪、第 5 浪）和 3 个下跌浪（a 浪、b 浪、c 浪），这 8 个波浪构成了一个"八浪循环"周期，一个周期完成之后，走势将进入下一个"八浪循环"。5 个上升浪又分为 3 个推动浪（第 1 浪、第 3 浪、第 5 浪）和两个调整浪（第 2 浪、第 4 浪），无论行情上涨还是下跌，大部分赚钱机会都在 3 个推动浪中。其中，第 3 浪又称"主升浪"，通常被认为是获利拉升的主力区域，因此也是最强势的上升浪，投资者都以捕捉主升浪为技术分析的目标。图 4-7 为"八浪循环"示意图。

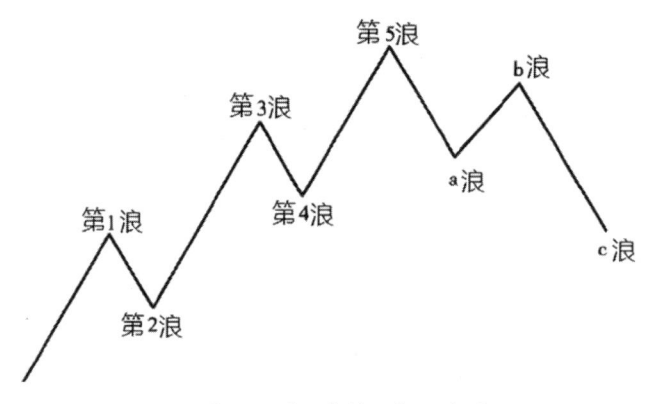

图 4-7 "八浪循环"示意图

值得注意的是，波浪的形态不会因时间的长短而变化，波浪可以拉长，也可以缩短，但其基本形态永恒不变。

不过，波浪理论是技术分析中最难掌握、也最有争议的一种方法，原因在于其理论本身太复杂，以及正确识别和划分波浪类型的难度过高，不同波浪理论家对于市场形态的看法不统一，由此形成的数浪方法也不尽相同，甚至根据不同方法得出的结论是完全相反的，这使得广大学习者对此感到无所适从。因此，投资者在学习、实践波浪理论时，需要结合其他技术分析方法和基本面分析等对市场进行判断，全面考虑市场的各种可能情况，并结合自身的投资目标和风险承受能力来做决策。

总之，技术分析是通过对股票的技术指标进行分析和解读，来预测未来市场走势和制定买卖策略的方法和技巧。K线分析、趋势分析、形态分析、成交量分析、均线分析、技术指标分析和波浪理论都是常见的技术分析方法。尽管技术分析在股票投资过程中发挥了重要的作用，但它并不是完美的，市场存在风险和不确定性。因此，投资者应该充分了解市场和投资相关知识，学会独立思考，进行多方面考量和综合判断，从而制定适合自己的投资策略。

第二节　依据技术来买卖股票可靠吗

股票市场是一个高度复杂和不确定的市场，投资者一直致力于寻找可靠的方法来预测股价变动和获取超额收益。技术分析是一种常用的方法，它利用数学模型、图表和指标来分析历史股票数据，以揭示市场运动的规律。然而，技术分析的可靠性一直饱受争议，多年来，关于技术分析是否真的是一种有助于在市场中获取长期利润的有用工具的争论一直很激烈。

在一些投资者的眼中，技术分析不过是骗人的把戏，是一种基于信仰而非科学的方法。他们认为技术分析不可靠的主要原因有以下几个。

（1）忽视公司基本面。一些投资者认为，股票的真实价值应该由其公司的经营状况、财务状况、竞争优势等基本面因素决定。而技术分析主要关注股票的价格和成交量的变化，忽视了这些基本面因素的影响。他们认为应该更关注股票的内在价值而非短期的价格波动。

（2）缺乏有效的证据。很多投资者认为，没有充分的证据证明技术分析的有效性，虽然有人声称通过技术分析取得了一定的成功，但这些结果可能是由于偶然性或市场运气所致。技术分析的结果如果具有主观性和不确定性，就无法提供可靠的投资决策依据。

（3）短期交易导向。技术分析更适合进行短期交易，而不是长期投资。比如，价值投资者就很注重长期投资，并认为长期持有优质股票是获得良好回报的关键。

所以信奉价值投资理念的投资者倾向于认为短期价格波动对于长期投资者来说不重要，更重要的是公司的基本面是否具备持续增长的潜力。

（4）盲目追逐趋势。有些技术分析策略是基于股价的趋势进行交易的，一些投资者认为这种策略是盲目追逐短期价格波动，没有考虑到股票的真实价值，他们认为投资者应该关注公司的长期价值，而不是盲目跟随市场的短期趋势。

然而，对于相信技术分析的投资者来说，技术分析是交易盈利的基础，在股市中发挥着非常重要的作用，是可靠的，可以利用历史数据和统计学原理，帮助投资者理解市场的行为模式和趋势，从而做出更明智的投资决策。他们认为忽视技术分析的人，通常来说都不能被称为"真正的"交易员。

那么，依据技术分析来买卖股票，到底可靠还是不可靠呢？这是一个极具争议性的话题，我们无法直接给出答案，但可以借此机会来探讨、展现关于技术分析的基本原理和优缺点。

一、技术分析的基本原理与应用方法

技术分析是根据股票的历史价格和成交量数据，通过图表和指标来预测未来价格走势的方法。技术分析者认为，股票的价格和成交量反映了市场供求关系和市场情绪，市场情绪又会影响投资者的行为和决策，从而影响股票价格的走势。

具体而言，股票技术分析是建立在三大基本原理，或者说是三大假设之上的，它们分别是——

（1）市场行为涵盖一切信息。这是技术分析的基础，即一切信息都会反映在股票价格的走势上，包括基本面变化、政治因素、心理因素、消息面因素等。

（2）股票价格沿趋势移动。这一假设是指证券价格的变动是有一定规律的，也就是保持原来运动方向上的"惯性"，而证券价格的运动方向是由供求关系决定的。

（3）历史会重演。这一假设认为，价格走势有它自身的规律，这些规律已经包含了未来证券市场的一切变动趋势，所以可以根据历史预测未来。

基于技术分析的基本原理，投资者若要通过技术分析来进行股票投资交易，可以分为以下三个步骤。

第一步，判断股票的趋势。技术分析者会使用趋势线、技术指标、趋势图形来识别市场中的趋势。使用趋势线是指通过连接股票价格的高点或低点来描绘市场趋势的线来判断市场的走势；使用技术指标则是通过类似 MACD、RSI、成交量等指标的异动来判断市场趋势变化；而趋势图形则包括前面提到的 K 线组合和形态，技术分析者通过分析不同组合和形态的意义，来判断市场趋势的反转或延续。一般来说，技术分析者会综合运用几种不同的技术分析方法，而非只使用一种方法来研判趋势。

第二步，识别股票的支撑位和阻力位。支撑位是指股票价格在下跌过程中遇到支撑、止跌回稳的位置，阻力位是指股票在上涨过程中遇到阻力、反转下跌的位置。一般来说，支撑位是由过去的低点或者买入信号构成的，阻力位是由过去的高点或者卖出信号构成的。

第三步，确定买卖信号。在最后一步，可以根据不同技术分析方法，通过技术指标或者图形来判断股票买入或卖出的时机，并以此来进行操作。值得注意的是，在确定买卖信号的同时，也应该设置相应的止损点，以避免因市场走势与预期相反而造成大幅亏损。

虽然看起来技术分析的步骤并不复杂，但事实上，无论是判断股票趋势、识别支撑和阻力位，还是确定买卖信号，都不是容易的事情，这需要投资者深入掌握一种或多种技术分析方法，而且还要在进行分析操作的过程中，排除各种受主客观因素影响而产生的偏差。因此，在使用技术分析时，应该保持谨慎和理性，并且不断学习和总结经验。

二、技术分析的优点与局限

先讲一个案例：假设股票 A 的价格在过去几周内呈现上涨趋势，技术分析的移动平均线呈现多头排列，而且 RSI 展示出超买的状态。根据这些信号，投资者可能认为股票 A 已经超过其在市场中的正常价值，并采取卖出的策略。结果股票 A 的价格开始下跌，投资者成功获利。

此案例虽然是假想的，但不可否认的是，在股市中，同样的真实案例几乎每天都会发生。这说明技术分析有时候是可行、奏效的。其优点主要有以下两个。

（1）简单易学。技术分析使用了各种图表和指标工具，对于初学者来说相对容易理解和应用，这使得投资者可以快速制定或选择投资策略进行投资，获得利益的周期也相对较短。比如当前很多交易软件中都内置了大量的技术指标功能，投资者可以直接使用，便于快速做出决策。

（2）实时反映市场。技术分析能够实时反映实际市场的局部情况，及时提供买卖信号，对于短期投资者来说具有一定的指导意义。它们能够较好地反映市场供需和资金流动的变化，为投资者提供了一个衡量市场情绪的机制，具有一定的客观性。

再讲一个案例：投资者根据技术分析中的图表模式和指标认为 B 股票呈现明显上涨趋势，于是决定追涨买入。然而，由于突发的利好消息，该股票价格暴涨，导致投资者买入价格超出合理范围，最终导致亏损。

不可否认，在股市中，这样的事情也几乎每天都会重复出现。这说明技术分析是存在局限性的，其局限性主要有以下几点。

（1）依赖主观判断。技术分析仍然依赖人的主观判断，同样的指标和图表模式在不同的分析师之间可能有不同的解读，从而产生不同的投资决策。

（2）历史数据的限制。技术分析依赖历史数据分析，但是市场是在不断变化的，历史数据并不一定能完全反映当前市场的情况。

（3）无法预测突发事件。技术分析只能根据过去的股票价格来判断未来的趋势，但无法预测突发事件的发生，如自然灾害、政治事件等，这些事件对市场造成的冲击往往是很大的。

基于以上对技术分析的优点和局限性的评估，可以得出以下结论。

第一，技术分析可以作为一种辅助决策的工具，但不能作为唯一的依据。投资者应该结合基本面分析、市场研究和其他指标来制定综合的投资策略。

第二，技术分析在短期交易中可能更为有效，但在长期投资中的可靠性需要谨慎评估。

第三，技术分析需要持续学习和实践，只有通过持续的观察和验证才能提高技术分析的准确性和可靠性。

第四，技术分析在股票买卖中的应用需要谨慎，投资者应具备风险意识和风险管理能力，以避免盲目跟进技术分析的结果而导致损失。

技术分析作为一种重要的股市投资方法，是可以帮助投资者辅助决策、识别市场趋势、发现价格震荡区间、预测反转点以及分析量价关系的。然而，技术分析也有其局限性，它无法完全预测市场的未来走势，而且对于特殊情况的应对能力有限，在股市中如果仅仅依赖技术指标和图表模式来买卖股票是不可靠的。因此，投资者在运用技术分析时，必须结合其他因素，如基本面分析、市场情报等，以全面把握市场动态，从而做出更准确的投资决策。同时，持续学习和实践技术分析，结合个人的投资经验和风险管理能力，可以进一步提高技术分析的准确性与可靠性。

第三节　如何通过技术分析判断股票买点

在股票交易中，寻找到好的股票（择股）是很重要的，寻找到好的买点（择时）也是至关重要的。

寻找到好的买点至少有三个好处。

（1）抓住盈利机会。买入股票的时机对于盈利至关重要。若能在股价低迷时买入，当股价上涨时就有更大的盈利空间。而若错过了低位买入的时机，就可能错失获得高额收益的机会。

（2）降低风险。合适的买入时机可以降低投资风险。若在股价已经明显高企时买入，风险会更高，因为股价可能下跌而导致投资损失，而在合适的时机买入，可以降低这种潜在风险。

（3）降低成本。合适的买入时机有助于降低平均成本。如果能够在股价低迷时买入，投资者就可以以较低的价格买入更多的股票，从而降低平均持股成本，这将有助于提高未来的盈利潜力。

因此，投资者需要具备分析市场走势和股票基本面的能力，以便在合适的时机做出买入决策，从而获取更好的投资回报。事实证明，通过技术分析来判断股票买点，是一种有效的投资方法，下面介绍几种市面上常见的技术分析买入法，这些方法较为简单，且涵盖了技术分析的不同流派，可供大家参考。

一、均线支撑位买入法

均线支撑位买入法是一种股价在均线支撑位处时买入的技术分析方法。若股价整体处于上升趋势中，但出现回调下跌，当回落到某一均线时停止下跌，并延续之前的上升趋势，就意味着该均线对股价有支撑作用，而这条均线可被视为股价的支撑位，通常被认为是一个买入点。

在这种方法中，投资者不仅要观察股价相对于其均线的位置，还要根据均线的不同位置和走势进行综合判断。一般而言，股份在向上运动并且在均线附近波动时，股价较为稳定，此时均线就成了一个支撑位。如果股价向下运动并且在到达均线支撑位时反弹，通常就被认为是一个较好的买入股票的机会。

均线支撑位买入法的基本原理是，当股价跌至均线支撑位时，通常会遇到购买力量，这加强了股价反弹的可能性，所以常被认为是买入机会。

如图 4-8 所示，当股价每次回落到 30 日均线附近时，是理想的买入价位。需要说明的是，这里的 30 日均线只是随便举例用来说明，在实际操盘过程中，投资者完全可以自行决定这个日期。比如做超短线投资，可以是 5 日均线或 10 日均线；做中线投资，可以是 20 日均线或者 60 日均线。

图 4-8　均线支撑位买入法实盘示意图

二、颈线买入法

颈线买入法是一种股价在突破前高点时买入的技术分析方法，这种方法认为，当一只股票的价格打破了之前的高点并进一步上涨时，表明市场对该股票的看好程度提升，这是买入的机会。

在这种方法中，投资者需要找到一只在显著的上升趋势之中的股票，并且观察它的价格是否突破了前期的高点。如果该股票的价格成功突破之前的高点并开始上涨，通常就被认为是一个颈线上扬信号。此时，投资者可以考虑以较高的价格买入该股票，因为市场看好程度增加，上涨趋势可能会持续一段时间（见图4-9）。

图 4-9 颈线买入法实盘示意图

颈线买入法的基本原理是，当股价创高并开始上涨时，通常意味着市场情绪变得积极，支撑该股价上涨的动能增强，价格上涨空间有望扩大。这时时机虽然短暂，但可能也是买入的好机会。

三、突破箱体阻力位买入法

所谓突破箱体阻力位买入法，是一种在价格进入一个持续时间较长的宽幅交易区间（也称为箱体）然后突破该区间时买入的技术分析方法，它是一种形态分析方法，属于整理形态中的上升矩形形态。这种方法认为，当股价突破箱体上轨时，就表明市场上升的动能增强，这是买入的机会。

要应用这种方法，投资者需要首先识别出股票的交易区间，也就是箱体的上轨和下轨，然后观察股价是否成功突破了箱体的上轨。如果股价突破了箱体上轨并保持上涨趋势，通常就被认为是一个箱体突破信号，投资者可以考虑以较高的价格买入该股票。

突破箱体阻力位买入法（见图 4-10）的基本原理是，股价突破箱体上轨，通常意味着市场情绪变得积极，支撑该股价上涨的动能增强，价格上涨空间有望扩大。这个时机虽然短暂，但可能也是买入的好机会。

图 4-10　突破箱体阻力位买入法实盘示意图

四、寻找重要支撑位买入法

在技术分析中，支撑位是投资者非常关注的一个概念。在股价下跌过程中，买盘的一次或多次积极反应，会导致下跌趋势得到阻止，并出现一定程度的反弹，此时就出现了支撑位。通常来说，支撑位是非常不错的买入点，前面提到的均线支撑位，其实也是一种支撑位。投资者可以通过寻找重要支撑位，来判断股票的买入点。

常见的重要支撑位有以下几种。

1. 前期低点

前期低点是指股价在前期下跌过程中触及的最低点。在股市中，价格在到达前期低点时，常常会受到投资者的共同关注，并且有较大可能发生一定的反弹，因此前期低点会成为人们的心理支撑位。如图 4-11 所示，股价在前期下跌过程中跌至 31.38 元/股，这个价位就成了前期低点，后期股价在接近该价位时，始终未能跌破 31.38 元/股，并最终形成了反弹上升趋势。

图 4-11　前期低点的买入时机实盘示意图

2. 斐波那契回撤位

斐波那契数列是一个数字序列，从第 3 位开始，每个数字都是前面两个数字之和。起初数字是 0、1，随后的数字为 1、2、3、5、8、13……这个数列不仅在自然界广泛存在，在金融市场中也发挥着作用，因此常被用来分析股价的走势。

斐波那契回撤位主要是通过将前期上涨的幅度乘以斐波那契数列中数字组成的特定比例，来预测价格回调的幅度和可能的支撑位。以股价上涨为例，当股价经历了一段较大幅度的上涨之后，投资者通过斐波那契回撤位来确定可能的价格回调水平。常见的斐波那契回撤位是 38.2%、50% 和 61.8%。如果股价开始回调并跌至这些水平附近，投资者可以关注这些位置是否能够提供支撑，并且价格是否会反弹。一般来说，当股价回调到 38.2%的斐波那契回撤位时，投资者可能会期待价格上涨并找到支撑位。如果价格跌破了 38.2%，则可能会继续下跌至 50%或 61.8%的回撤位。在市场中，50%和 61.8%的回撤位通常被视为较强的支撑位，价格有更大的可能性在这些位置反弹。投资者可以通过观察价格走势和应用斐波那契回撤位来预测未来可能的支撑位，以此作为买点。如图 4-12 所示，使用同花顺软件的画线工具，点击应用"智能黄金分割"按钮，就可以自动画出斐波那契线（也就是黄金分割线），从而找到相应的回撤位，非常方便。可以看出，当价格从高点回调到 50%时，股价有了反弹，这说明 50%的回撤位是较强的支撑位，是较好的买点。

图 4-12　斐波那契回撤位的买点时机实盘示意图

3. 上升趋势线

上升趋势线是一系列由低点连接起来的线组成的（见图 4-2），在股价下跌过程中，投资者通常会关注距离股价较近的上升趋势线附近的位置，并将其作为支撑位。这是因为上升趋势线代表着市场的上升趋势，投资者通常会认为股价在该位置附近的时候，市场仍然具有一定的买盘支持，从而形成支撑，这些位置也是较好的买点。

除了以上几种常见的支撑位外，还有一些重要的关键价格区域也经常被投资者关注。在股价下跌过程中，投资者通常会将关键的价格区域作为支撑位。这些关键区域可能是历史上的重要支撑位、突破点或者技术分析中其他重要的形态和指标形成的支撑位。

这些支撑位在股价下跌时，往往会产生一定的反弹和支撑作用，因此可以作为买点。需要注意的是，重要支撑位通常需要通过技术指标来验证，如MACD、RSI、布林线等，并且需要结合基本面的分析来判断股价走势是回调还是下跌，防止出现踏空的风险。

以上是通过技术分析判断股票买点的较为常用的几种方法。除此之外，还有很多其他的方法，比如缺口买入法、破历史新高买入法、MACD金叉买入法、放量大阳线买入法，等等，有兴趣的投资者可以自行去摸索和学习。

需要注意的是，以上每一种通过技术判断股票买点的方法，仅作为参考，投资者还应该结合其他技术分析指标和基本面信息进行综合判断。同时，止损策略也是非常重要的，投资者应该设置适当的止损位，以便控制风险和保护自己的投资本金。

总之，技术图表只是判断买点的一种工具，每个投资者可以根据自己的投资风格和偏好进行调整和运用。此外，个股在不同的市场环境中表现不同，投资者也需要对市场形势进行不断观察和研究，如此，才能跟上市场的步伐，成为股市中持续盈利的幸运儿。

第四节　如何通过技术分析判断股票卖点

股市中一直流传这样一句话："会买的是徒弟，会卖的是师傅。"这句话告诉我们一个道理：做股票投资，买股票确实不容易，但卖股票更难，需要有更多的学问。仔细观察周围，精通买股票的股民好像不少，但真正懂得如何卖股票的人却并不多。而要想成为一个真正成功的股民，不仅要懂得如何选股票，还要懂得在适当的时机卖出股票。那么，什么时候应该卖出股票呢？

一般来说，遇到以下三种情况时，应该考虑卖出手里持有的股票。

（1）盈利达到预期或遭遇重大利空时。如果股票交易获得了预期的利润或者股票公司出现利空消息，投资者应考虑卖出股票，以实现收益或限制损失。

（2）超出理性价格区间时。如果股价偏高或者处于理性价格范围之外，投资者应该考虑把股票卖出，等待下一次买入机会。

（3）重大基本面变化时。如果公司的盈利能力、经营状况、治理结构等因素发生重大变化，则可能是出现股票资产危机的信号。在这种情况下，投资者应考虑卖出该股票，以避免持有可能令人失望的股票，降低风险。

对于中长线投资者来说，以上这三点必须熟记于心，很多时候，它们会帮助投资者躲过股市中的"大坑"，不仅能保住本金，还能避免把到手的利润还给市场。

当然,喜欢短线或超短线交易的投资者习惯通过技术分析来判断股票的卖点，下面介绍几种市面上常见的通过技术分析找卖点的方法。

一、通过分时图找卖点

分时图是以时间为横轴、以股价为纵轴的图，投资者通过观察股票交易过程中的价格变动和成交量等信息，可以判断买入或卖出的时机。下面介绍一些常见的利用分时图找卖点的方法。

1. 观察价格走势

通过分时图上的价格线观察股价的走势，当股价出现明显的上涨并接近预期卖出价时，投资者可以考虑在价格高位卖出股票，以获利或限制损失。

2. 观察重要价格位

观察分时图上的重要价格位，如前期高点或低点、关键支撑位或阻力位等。当股价接近或突破这些重要价格位时，可能是卖出信号。如果股价无法突破阻力位，可能会出现逆转的信号，投资者可以考虑卖出股票以避免损失。如图 4-13 所示，开盘出现高开低走的情况，后期虽有反弹，但一直无法突破开盘价格（阻力位），此时可以考虑在相对高位卖出，以避免之后股价一路下跌带来的损失。

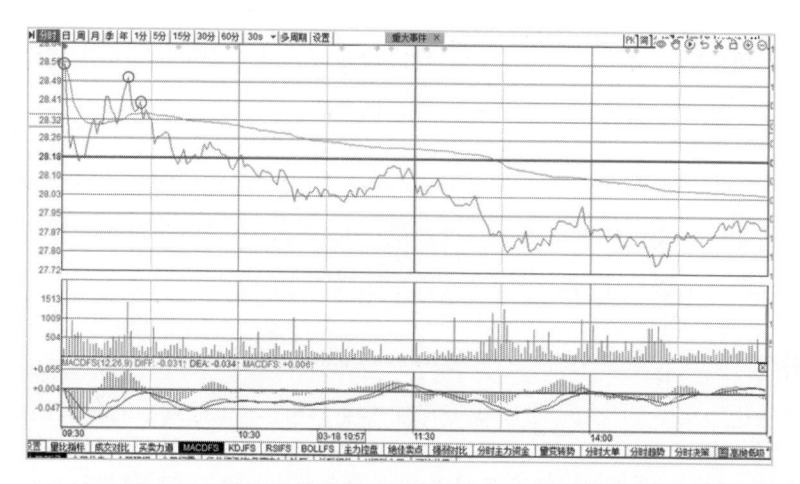

图 4-13　根据重要价格位判断卖出信号的实盘示意图

3. 成交量分析

观察分时图上的成交量，成交量的增加可能表示市场参与者的情绪变化。如果股价上涨时成交量增加，但后续股价没有继续上涨，就可能是一个卖出信号，投资者可以考虑卖出股票。如图 4-14 所示，股价在开盘后一路走高，成交量也明显上升，但股价攀升至最高点后，成交量不增反降，说明买方力量不足，这是一个卖出信号，投资者应该考虑卖出股票。

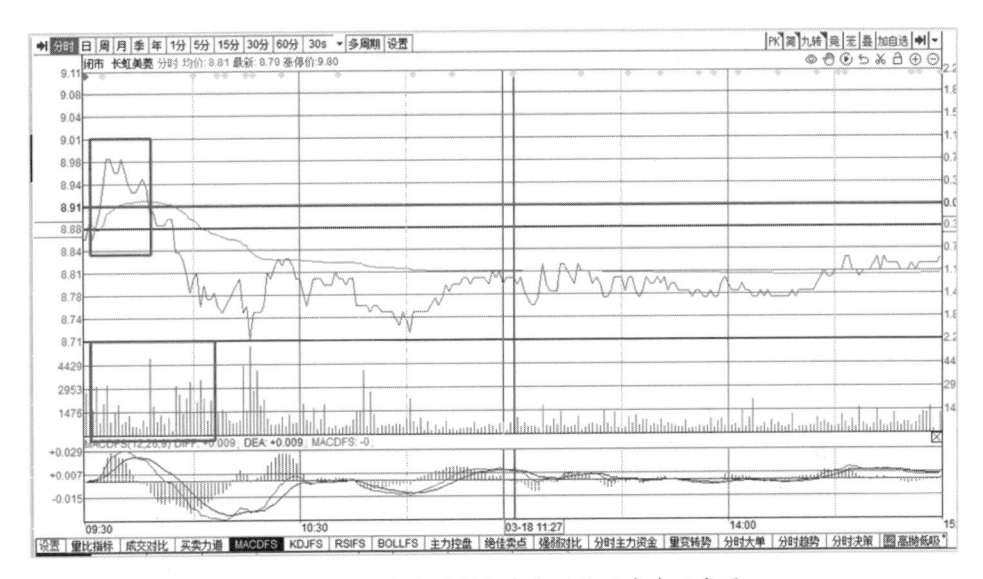

图 4-14　根据成交量判断卖出信号的实盘示意图

4. 技术指标结合分析

在分时图中可应用一些常见的技术指标，如分时移动平均线、相对强弱指标等。当技术指标显示股票已经价格过高或者超买时，可能是一个卖出信号。

需要注意的是，利用分时图找卖点是一种辅助分析方法，合格的投资者应该综合考虑个人的投资目标和风险承受能力等来做出卖出决策。

二、通过均线找卖点

通过均线找卖点也是股市中一种常见的技术分析方法，主要依据股价走势与均线的相互关系来确定卖出时机。在通过均线找卖点时，主要关注以下三种情况。

1. 均线压制

当股价上涨到均线附近时，均线可能成为阻力，限制价格进一步上涨。这种情况下，若出现拐头或阻力，可能是卖出股票的时机。如图 4-15 所示，该个股股价长期处于 60 日均线以下，每次股价反弹至 60 日均线附近时，都无法进一步突破，60 日均线成了阻力位，这时候股价极有可能回调下跌，投资者可以考虑卖出。不过，一旦突破均线，该均线又会变为股价的支撑线。

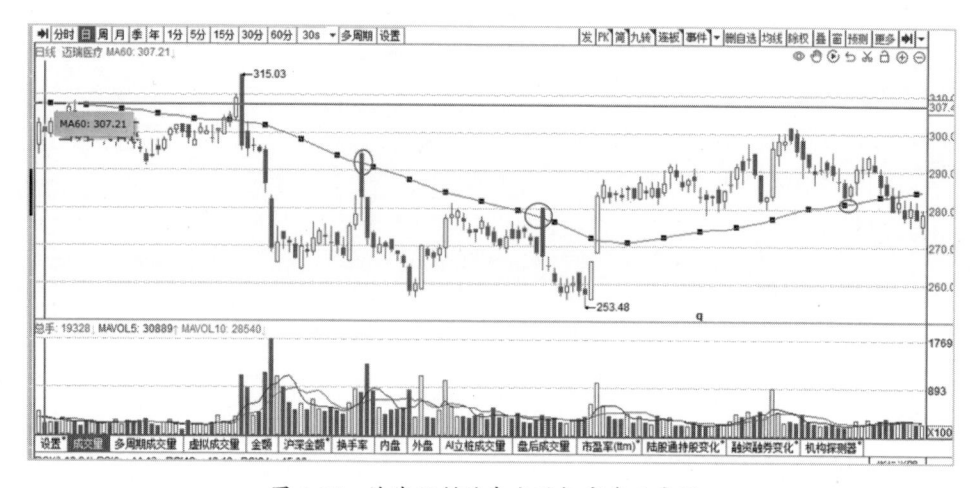

图 4-15　均线压制的卖点时机实盘示意图

2. 均线交叉

当短期均线下穿长期均线形成死叉时，可能是卖出信号。如图 4-16 所示，5 日均线下穿 10 日均线，说明最近 5 个交易日的股价在下跌，此时空方力量大于多方力量，处于空头市场，是一种卖出的信号，且其所处的位置越高，个股后期继续下跌的概率越大。

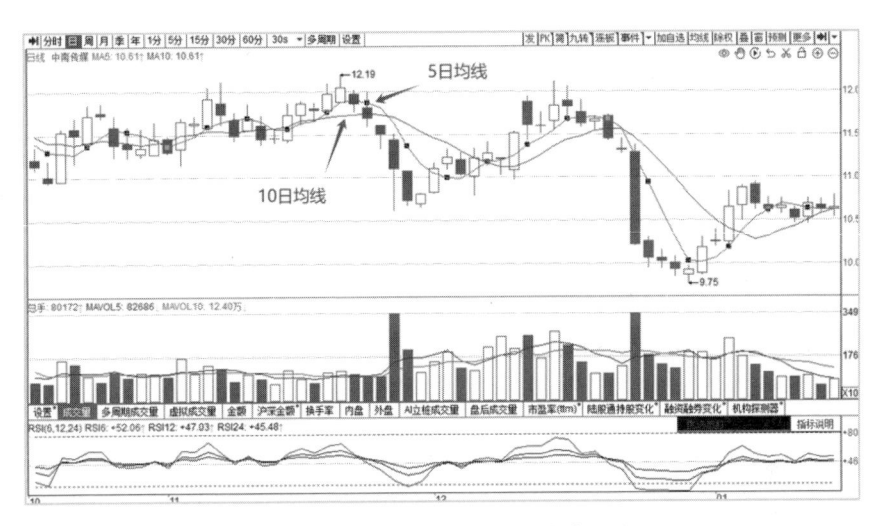

图 4-16　均线交叉的卖点时机实盘示意图

3. 股价均线顶部背离

当股价走向高点，且远离均线并出现明显偏离时，可能是卖出信号。也就是说，当股价上升且远离均线，并形成过度买入的状态时，可能出现价格回调的卖点。如图 4-17 所示，股价与 20 日均线发生交叉后，持续走高且开始明显远离 20 日均线时，由于均线对股价具有"吸引力"，股价将会朝着均线方向移动，此时投资者应该考虑卖出股票。

图 4-17　股价均线顶部背离的卖点时机实盘示意图

同样，利用均线找卖点仅仅是一种技术分析辅助手段，不能过度依赖，投资者需要考虑自己的收益目标和风险承受能力来综合判断卖点位置。

三、通过K线组合找卖点

所谓通过K线组合找卖点，主要是指结合不同K线形态的组合来判断股价的走势，并确定卖出时机。通过广大股民和技术专家多年的总结，当前已经有较为成熟和系统的K线组合卖点判断方法，即当股价K线出现以下组合之时，是卖出股票的好时机。

1. 乌云盖顶（见图4-18）

乌云盖顶是由阴阳两种K线组成的。首先是阳线的势头强劲，接下来的K线开盘价高于前一天的最高价，且收盘价位于阳线实体的下半部分，这样才有足够的力量促使市场转变。乌云盖顶预示着股市将要走跌，通常出现在上升趋势的末端。

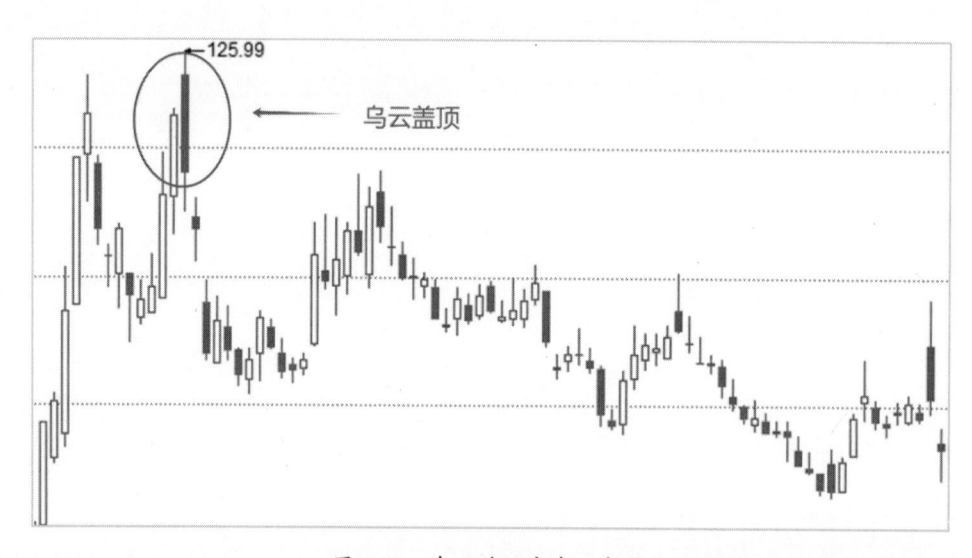

图4-18 乌云盖顶实盘示意图

2. 高位阴包阳（见图 4-19）

若股价在高位出现一根中阳线或大阳线，接下来的一天出现了一根大阴线，且这根大阴线的开盘价比前一日的收盘价高，收盘价比前一日的开盘价低，则意味着大阴线完全包裹住了前一日的大阳线。如果高位阴包阳出现的位置越高，第二天的成交量越大，则局势发生反转的可能性也就越大。所以，为了降低风险，此时应该考虑卖出。

图 4-19 高位阴包阳实盘示意图

3. 高位黑三兵（见图 4-20）

黑三兵是指三根并列的阴线，而且这三根阴线的低点逐渐下降。当黑三兵出现在市场的高位，并且伴随成交量的放大时，就是一个较为理想的卖出时机。黑三兵也被称为三连阴，若在市场高位出现连续三天的阴线，则说明空方的实力相当强大。而如果黑三兵出现在更高的位置，或者成交量更大，则卖出信号也将更强烈。

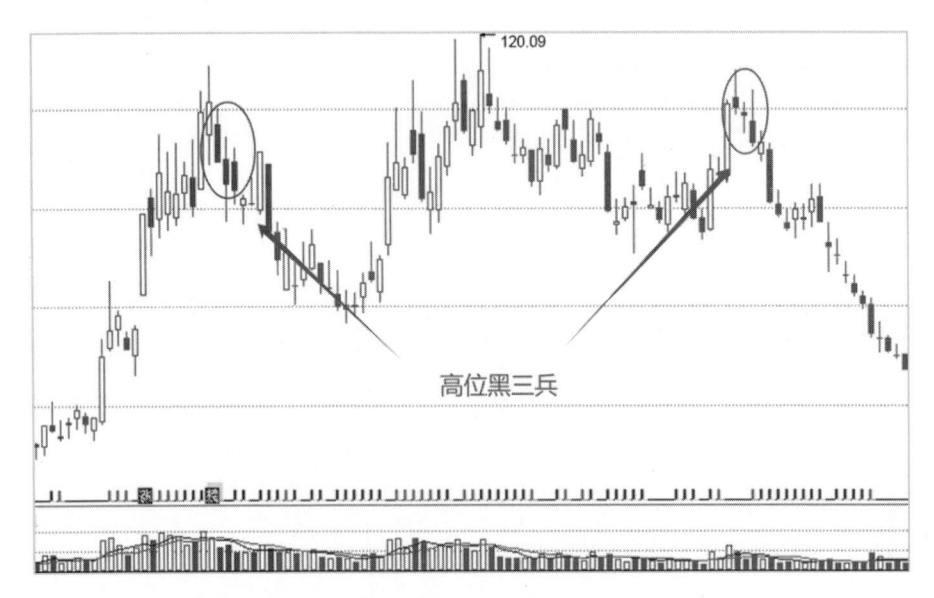

图 4-20　高位黑三兵实盘示意图

4. 塔形顶形态（见图 4-21）

在股价上涨过程中，有时会出现一根大阳线，接着是一系列小阳线、小阴线或者十字星，然而，股价并没有出现大幅下跌，随后出现了一根大阴线。从形状上看，就像是左右两根柱子撑起了一个塔顶，这也是一个卖出的时机。

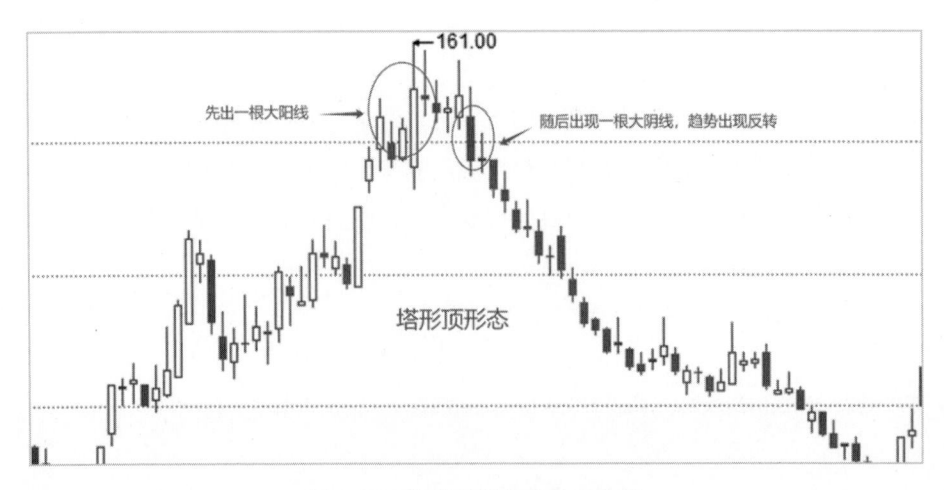

图 4-21　塔形顶形态实盘示意图

5. 双峰触天（见图4-22）

这个形态指的是股价上升到高位后形成两个高度大致相等的顶部，形成这种形态后股价多有一跌。此形态多出现在上升行情的顶部或者震荡箱体的顶部，一般来说，遇到这个形态后虽然不能确定股价的下跌幅度，但还是应该规避风险，及时卖出股票，让收益落袋为安。

以上5种形态，是通过K线组合找卖点时比较常见的。除这些之外，还有很多其他的卖出形态，这需要投资者自己在投资过程中多去观察与总结。

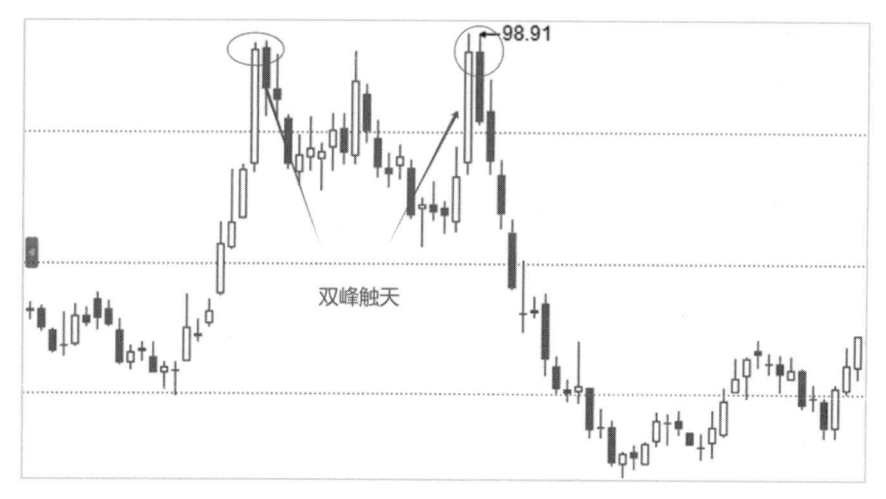

图4-22　双峰触天实盘示意图

四、通过技术指标找卖点

通过技术指标找卖点，主要依据股价走势和成交量数据的指标变化来确定卖出时机，下面介绍几个常见的技术指标和相应的卖点策略，供大家参考。

1. RSI卖点策略

一般来说，当RSI达到70以上时，就代表出现超买，可能是卖出信号（见图4-6）。

2. 布林线卖点策略

当股价触及或超过布林线上轨时，或者严重偏离上轨，股价出现拐头向下运行时，可能是卖出信号（见图 4-5）。

3. MACD、KDJ 等指标卖点策略

如前文所述（见图 4-3、图 4-4），当 MACD、KDJ 出现死叉或顶背离的时候，是卖出信号。所谓 MACD、KDJ 顶背离，指的是在股价的高点之上形成了一个新高点，而相应的 MACD、KDJ 柱状图却没有形成新高点的情况。这种现象显示出股价走势的疲弱性，可能暗示即将出现下跌趋势，是一个卖出信号。

以上是投资者通过技术分析判断股票卖点的常用方法。我们反复说明的是，技术分析只是一种辅助工具，不能作为单一的决策依据。在投资实战中，投资者需要结合基本面分析和市场条件来进行综合判断。此外，对这些方法，投资者不能生搬硬套，需要对它们灵活运用，并结合自己的投资经验和风险承受能力，做出最后的卖出决策。

第五节　建立适合自己的个性化交易系统

在股市中，交易系统是指一套指导买卖决策和管理风险的规则或策略。它是由投资者根据自己的交易目标、风险承受能力和交易风格所设计和制定的。

交易系统通常包括六大要素。

（1）入市规则。交易系统中的入市规则指明何时买入或卖出股票，例如，可以在交易系统中设定价格触发点或特定的买卖模式。

（2）仓位管理。交易系统需要考虑每次交易的仓位大小。通过设定仓位的大小和风险控制的方法，投资者可以根据自己的风险承受能力合理分配资金。

（3）交易信号。交易系统通过技术分析、基本面分析或其他方式生成买入或卖出的信号。这些信号可能基于价格走势、指标交叉、形态结构等各种因素。

（4）获利策略。获利策略指明什么时候以何种条件退出交易并获得利润。通过设定获利目标，投资者可以在市场走势有利时及时锁定收益。

（5）交易频率。交易系统还包括交易频率的设定，即投资者决定在一定时间内进行多少次交易以达到目标。

（6）止损策略。止损策略是交易系统中非常重要的一部分，它用于控制和限制潜在的亏损。通过设定止损位，投资者可以在市场走势不利时及时退出交易以避免进一步损失。

可以说，一个好的交易系统是投资者在股市中取得成功的关键之一，它可以帮助投资者更好地控制情绪、管理风险、提高交易效率并保持纪律性。

既然股票交易系统如此重要，那么，具体该如何来建立适合自己的个性化交易系统呢？

一、制定交易目标和明确风险承受能力

在建立交易系统之前，需要明确自己的交易目标和风险承受能力。交易目标包括投资收益目标、投资期限、风险管理等方面。风险承受能力是指自己能够承受的资金损失程度。了解自己的目标和风险承受能力将帮助投资者制定合适的交易策略和风险管理方法。

比如，投资者可以把投资目标设定为每年获得20%的回报，而风险承受能力是亏损不超过10%。

二、选择交易策略和技术指标

接下来需要选择适合自己的交易策略和技术指标。交易策略是一套规则，用于判断何时买入和卖出股票。常用的交易策略包括趋势交易、反转交易、动量交易等。技术指标是用于分析股票的价格和成交量数据的工具，常见的技术指标包括移动平均线（MA）、指数平滑异同移动平均线（MACD）、相对强弱指标（RSI）、布林线（BOLL）等。投资者可以通过学习和实践，选择适合自己的交易策略和技术指标。

比如，投资者选择了趋势交易策略，同时使用动量指标来选择入场时机，那么可以使用50日和200日移动平均线来确定趋势，然后使用RSI和MACD指标来选择入场时机。

三、设定交易规则和止损策略

在建立交易系统时，我们还需要设定明确的交易规则和止损策略。交易规则包括买入和卖出信号的设定、持仓时机的确定等。止损策略是为了控制风险，在股价下跌时防止蒙受过大损失。我们可以使用固定止损（例如止损价位设定为买入价的一定百分比）或者动态止损（例如根据股票的波动性调整止损位）等策略。

比如，我们设定了20日移动平均线上涨的趋势为买入信号，而一旦股价下跌5%，就止损并出局。不同的人有不同的交易规则，只要适合自己的投资风格就好，但根据风险承受能力设定的止损策略却可以在关键时刻帮助我们避免更严重的亏损。

四、进行回测和模拟交易

这是建立交易系统的关键一步，我们需要通过回测和模拟交易来验证与优化交易策略。回测是基于历史数据进行交易策略的测试和分析，可以衡量策略的盈利能力和风险水平。模拟交易是通过模拟市场环境进行交易练习，使我们能够实践交易系统，并检验其可行性和效果。回测和模拟交易是优化交易系统的重要工具，可以帮助我们发现潜在的问题和改进空间。

比如，我们可以使用同花顺"问财"的"策略回测"功能，输入自己的交易策略，并使用历史数据来回测自己的交易系统，然后根据回测数据来评估系统的有效性，从而进行交易系统的调整（见图4-23）。同时还可以使用模拟交易来确保自己的决策一致性，让自己的操作始终遵循交易系统的规则。

图 4-23　同花顺"策略回测"功能

五、执行和修正

这是建立交易系统的最后一步。一旦我们建立了交易系统，就需要严格执行系统中设定的交易规则和止损策略。保持纪律性是交易成功的关键之一，我们应该避免情绪化的决策，并始终按照系统设定的规则行动。第四步和这一步可以结合起来，原因在于，定期回测和分析交易系统的表现是维持系统有效性的重要步骤。

在操作时，我们应该始终信守自己制定的系统规则，并针对不同情况进行优化。同时，我们在实战中，还应不断对自己的交易决策进行复盘，查漏补缺，因为交易系统并非一成不变的，我们需要根据外部市场情况和自己对投资的认知提升，以及系统的实际表现，对交易系统进行修正和优化，确保它能更好地发挥作用。

作为股票投资者，我们通过以上步骤，可以逐步建立一个适合自己的交易系统。当然，不同的投资者在具体交易细节上会有所不同，所以在建立交易系统时，也需要根据自身的实际情况增加或者减去一些步骤。

需要强调的是，建立适合自己的交易系统需要时间和经验。投资者应该持续学习和研究，积累实践经验，并不断优化自己的交易系统。同时，了解市场环境、经济动态和公司基本面等因素也是成功交易的关键之一。请记住，交易系统需要根据个人情况进行调整和修正，并且需要按纪律执行，如此才能发挥出最佳的效果。

第五章
如何抓住股市中的大机会

第一节　寻找潜在的行业机会

在股市中，寻找潜在的行业机会是一项非常重大的投资策略，这早已被全世界的投资者所广泛地应用，比如著名的投资大师、量子基金创始人吉姆·罗杰斯就是此中高手，他曾经靠着寻找到潜在的行业机会获得了丰厚的回报，他的合伙伙伴乔治·索罗斯曾经称赞他"对大势的把握无人能及"。然而，如何准确识别这些机会，却是一门系统的学问。要想成为成功的投资者，就必须通过不断学习来掌握正确的行业分析方法与技巧，这样才能及时地发现具有投资潜力的行业，找到最有潜力的个股。

一、寻找"投资明星"

对于投资新手来说，具体该如何来洞悉行业未来，找到可能的"投资明星"呢？通常来说，可以从以下几方面入手。

1. 通过宏观因素分析

宏观因素对于行业的发展和股市的表现具有非常重要的影响。因此，投资者需要了解宏观经济的整体面貌，以及经济政策和国家产业发展规划，以寻找有潜力的行业机会。

一个成熟的股市，其表现通常随着经济的发展而上升，而在经济萎缩时，股市通常会受到打击。了解经济形势的整体变化，有助于投资者从宏观角度去发现行业的机会点,也避免"踩"到高风险行业,比如当经济萎缩时,制造业、建筑业、旅游业等相关行业就会发展缓慢。因此,在学习投资知识时,也需要学习一些基础的经济学知识,了解行业周期与经济周期的相关性。

经济政策、国家产业发展规划对于行业的发展更是有直接的影响——这个无须多言。最直接的例子就是近几年发展迅猛的新能源汽车行业,由于中国出台了大量经济政策、行业政策对该行业进行扶持,并将其视为中国从汽车大国迈向汽车强国的必由之路。因此要学会研读国家的相关经济政策和产业发展规划,当国家对某个行业出台了一系列扶持政策时,就说明该行业已经踏上了高速发展的道路了。比如罗杰斯就将政府扶持的行业作为重点投资对象。

2. 通过结构性变化分析

所谓的行业结构性变化,是指该行业的主要技术、产品、商业模式等中的一项或多项发生了变化,结构性变化往往使行业呈现出差异化的增长速度。投资者在研究分析行业时,需要关注行业技术进步、产品颠覆性创新、法规政策和消费习惯的转变等市场变革因素,以寻找结构性增长的行业。新能源汽车就是结构性增长的行业代表,正是由于电池技术的进步、智慧驾驶的出现、人们环保理念的增强等因素,使得汽车行业发生了巨大变革,出现了结构性增长的机会,也出现了新势力"投资明星"。

通过对行业结构性变化的分析,投资者可以发现行业的未来发展趋势,及其带来的投资机会。此外,新兴行业往往具有较快的增长速度,对投资者极为有利。

3. 通过基本面分析

行业的基本面状况是判断行业潜力的一个非常重要的指标。投资者可以通过对行业的财务指标、盈利能力、竞争格局和市场份额等因素进行分析,评估行业的投资价值。同时,也可以关注行业的供给结构和市场需求的变化,以便更好地把握行业的未来发展趋势。

不过，普通投资者由于时间精力有限，信息获取渠道较少，且缺乏专业的分析方法和分析训练，要想完整地进行行业基本面分析几乎不可能，因此最好去寻找专业研究机构的行业研报，以获得更全面的解读和分析，寻找到具有潜力的行业机会。如同花顺就提供了丰富、全面、及时的研报资料，用户可轻松、免费获取。图5-1所示为同花顺PC版客户端的"研报大全"页面。

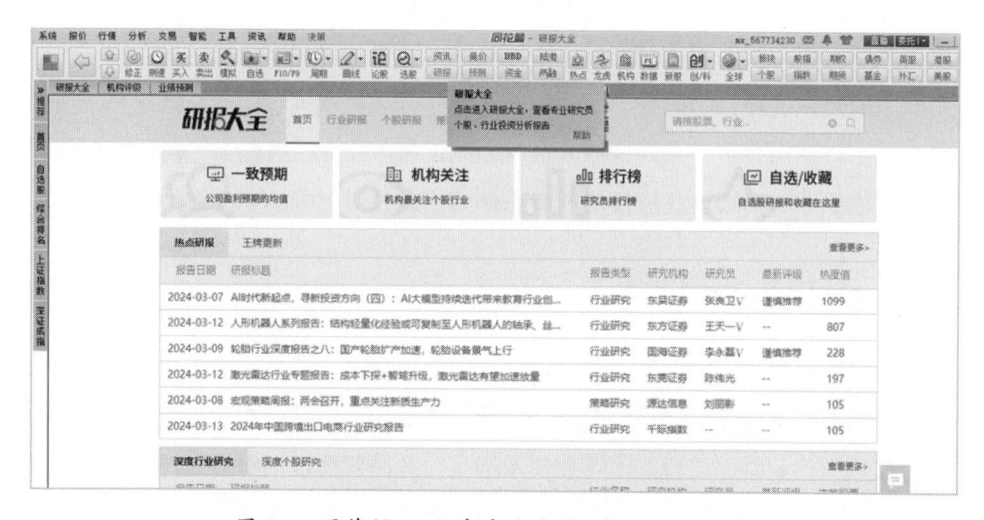

图 5-1　同花顺 PC 版客户端的"研报大全"页面

4. 通过技术分析

技术分析在寻找行业机会上扮演着非常重要的角色。技术分析所依据的市场情绪和价格走势等因素，也可以用于寻找潜在的行业机会。投资者可以通过研究行业指数的走势图表，识别出行业的趋势和周期性变动，以及寻找行业内的个股投资机会。另外，也可以借助市场上的人气、资金指标，来判断和寻找具有潜在投资机会的行业和个股。比如同花顺的"板块"页面，通过对人气、资金流向、财务等关键指标的统计和分析，展示了近期热门板块的动向，有助于投资者找到行业和个股投资机会，投资者不妨多多使用。图5-2所示为同花顺PC版客户端的"板块"页面。

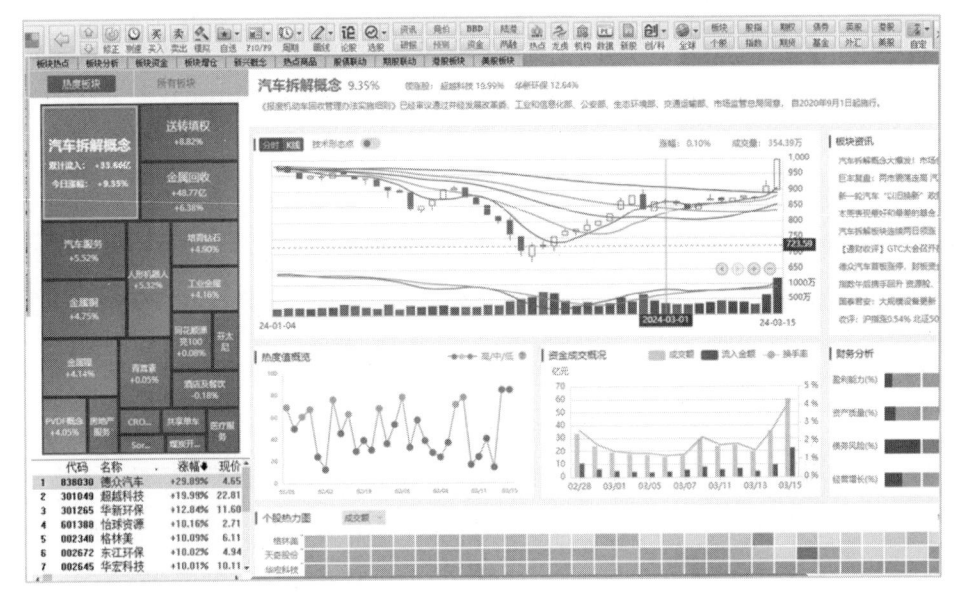

图 5-2　同花顺 PC 版客户端的"板块"页面

对于有精力的投资者来说，通过以上四个方面的分析和研究，用心观察、持续跟踪，便可以了解行业的整体情况和未来趋势，从而判断行业的市场行情发展，寻找到潜在投资机会。正如彼得·林奇所言："对于任何行业、任何领域，只要平时留心观察，业余投资者就会发现那些发展势头强劲的公司，而且能远远走在专业投资者前面。"

二、A 股市场的潜在行业机会

作为全球最大的新兴市场之一，当今的 A 股市场毋庸置疑有着相当巨大的投资潜力。那么，A 股市场潜在的行业机会在哪里呢？通过宏观因素分析、结构性变化分析以及基本面分析，站在 2024 年年初这个时间节点，我们认为未来几年 A 股市场中值得关注的潜在机会，可能集中下面几个领域之中。当然，这种判断仅仅来自我们的分析与判断，不作为具体的投资建议，大家可以鉴别和参考。

1. 科技领域

科技是第一生产力，自工业革命以来，这是一个颠扑不破的真理，对于一个国家来说，发展科技至关重要。中国一直高度重视科技创新，不仅出台了一系列鼓励研发和创新的政策，而且投入了大量经费用于科研发展，如2022年的研究与试验发展（R&D）经费投入更是突破了3万亿元，是全球第二大研发经费投入经济体。伴随着国家科技水平不断提高的，是公司的科技创新水平的提升。相信先进科技的普及和在各行各业中的应用，将会对当下传统行业实现颠覆和重构，实现行业的突破性增长。以下是我们认为可能带来行业机会的新技术增长点。

（1）人工智能（AI）。近年来，人工智能的发展不仅为人类社会带来了颠覆性的变革，也为各个行业带来了巨大的发展机遇：在制造业领域，通过AI技术，可以实现智能制造、智能物流和智能仓储等，提高生产效率和产品质量，大幅度降低生产成本；在金融领域，AI可以通过大数据分析和预测，帮助金融机构更准确地评估风险，精确定价，提高运营效率，同时，AI还可以应用在智能客服、智能投顾（投资顾问）和反欺诈等领域，提升金融服务的便捷性和安全性；在医疗领域，AI可应用于辅助诊断、药物研发、精准医学等方面，如AI可以通过分析大量的医疗数据，帮助医生在早期发现疾病和提供更准确的诊断方案，可以通过个体基因组数据分析，为患者提供个性化的治疗方案。

总的来说，AI作为一项前沿技术，对各行各业都有巨大的影响力，尤其自OpenAI发布GPT-3大模型以来，全球再次掀起了一场AI狂潮，人们相信，AI这种技术创新将全方位改变人类的生活方式，并带来传统行业的重构。因此，谁能够率先拥抱AI，实现AI技术在产品、服务端的应用，谁就能获得高速发展和资本的青睐。

（2）6G技术。当下，随着5G技术的商用化和推广，人们开始关注下一代移动通信技术6G的发展。6G技术被认为将会引领新一轮技术革命，给各行各业带来巨大的改变和机遇——6G技术将提供比5G技术更快的传输速率，这将使得大规模数据传输和实时应用成为可能，会推动云计算、边缘计算等技术的发展；6G技术将实现智能制造中的更高度自动化和智能化,通过低延迟和高可靠性的通信，工厂中的机器和设备可以实现更高效的协作和自适应性；6G技术将提供更可靠和更高速的网络连接，使得远程医疗和诊断成为可能，医生可以通过远程技术对患者进行检查和治疗，为偏远地区患者和无法前往医院的患者提供更好的医疗服务；6G 技术将为交通管理系统提供更高效的通信和数据处理能力，实现实时交通监测和预测，提供智能导航和交通优化服务。总之，6G 技术的发展将会在通信、智能制造、医疗健康、交通和城市规划等领域带来巨大的改变，推动各行各业智能化和自动化的发展。不过，6G 技术的商用化还需时间，投资者需要密切关注其发展趋势和应用场景，以及可能带来的行业投资机会和风险。

（3）云计算。云计算是近年来全球科技行业的热门领域，A 股市场中也逐渐涌现出许多与云计算相关的投资机会。未来，随着互联网技术的不断发展，公司和个人对云计算的需求日益增长。云计算作为一种灵活、可扩展和高效的解决方案，已经成为公司部署 IT 基础设施的首选。根据市场研究机构的数据，中国云计算市场规模预计将继续保持高速增长。同时，中国出台了一系列政策和措施来鼓励云计算公司的发展，而资本市场也给予了云计算公司较高的关注度，为云计算公司提供了充足的资金支持和资本运作空间。不仅如此，云计算还具有前景广阔的行业生态系统，它涵盖了云服务、云存储、云安全、云终端以及云应用等多个场景。因此，投资者可以关注云服务商、大数据分析公司，以及支持云计算生态系统发展的硬件供应商和软件解决方案提供商等，从而挖掘出行业中潜在的投资机会。

（4）半导体。半导体是科技行业中最重要的元件之一，随着电子产品从单一产品向多元化应用的发展，半导体行业将迎来巨大的发展机会，尤其是新能源汽车、物联网、智能制造等下游科技行业的升级，使半导体的需求在未来几年持续增长。同时，由于西方国家对中国科技领域的限制，在中国国家政策和市场发展的强烈推动下，半导体产品的国产化需求强劲，这为中国的半导体行业提供了历史性的发展机遇。

2. 医药保健领域

中国的医药保健市场近年来一直在增长，这种增长可以归因于人口老龄化、人们对健康的重视以及中国中产阶级的迅速增长。据研究机构预测，中国的医药保健市场在未来数年中将以每年 9%的速度持续增长。在这个大趋势下，我们判断以下几个细分领域未来可能有极大的潜在投资机会。

（1）药品研发生产。近年来中国药品生产商正在不断追赶国际市场的发展步伐，并在技术和研究投入方面持续发力，加上中国政府在保障人民群众医疗药品安全方面以及医药研发领域出台的一系列积极的助力政策，未来数年将会进一步推动整个医药研发生产行业的发展。

（2）医疗保险领域。随着人口老龄化趋势的日益明显和医疗政策的进一步调整，可以预见，中国的医疗保险需求在未来数年中将会进一步释放，因此医疗保险的发展还有很大的增长空间。

（3）基因测序和生物技术。随着技术的突破和价格的逐渐降低，基因测序已经逐渐成为医疗诊断过程中常用的诊疗方式，可以想见，这些能够更好地实现治疗、战胜疾病的先进技术，在未来会越来越普及。这个趋势也是值得关注的投资机会。

3. 快消品领域

快消品领域，是指涉及快速消费品生产、销售、分销等环节的领域。它们在中国市场具有巨大的潜力，因为中国人对优质快消品的需求持续增长，通过近些年的观察和数据分析来看，在快消品领域，可能存在以下的潜在投资机会。

（1）品牌的崛起。随着消费者对品质和品牌认知度的提高，优质快消品品牌在市场中的份额逐渐增加。优质的品牌或公司具有较强的增长潜力和市场竞争力。

（2）渠道建设的提升。与传统实体零售相比，电商渠道在快消品行业中的份额不断攀升。电商平台的快速发展为快消品公司提供了更广阔的销售渠道，而跨境电商的兴起也为公司拓展海外市场提供了商机。投资具有强大的渠道建设能力和在线销售能力的公司可能获得更好的回报。

4. 新能源和节能环保领域

新能源和节能环保行业无疑是当下全球最受关注的新兴发展领域之一，因为其直接关系到全人类的未来。作为负责任的大国，中国近几年对于新能源和环保行业的重视与投入更是领先全球。同时，中国新能源行业在过去几年中取得了空前的发展，成为中国经济和环保领域的重要支柱。而随着行业规模的不断扩大、政府支持政策的不断加强，以及技术创新的持续推进，相关产业链和行业的发展也是大势所趋。我们认为以下几个方面具有潜在的投资机会。

（1）碳中和与清洁能源行业。在全球环保的大趋势下，碳中和和清洁能源已成为新的焦点。在中国，清洁能源的发展也得到了充分的支持和推动。风力发电、太阳能发电、氢能源等相关行业，将会具有较大的增长潜力。

（2）新能源汽车及配套行业。随着电动汽车的普及，电池、电机、电控、充电桩及其配套行业也迅速成长。在A股市场中新能源汽车和其产业链相关股票具有较大的潜力，投资者可以关注充电设施、电池、电机等领域的上市公司。

（3）环保行业。随着环境污染问题的日益严重，环保行业正受到越来越多的关注。环保行业上市公司，如空气治理、水处理、固废处理类公司，将具有良好的增长潜力。同时，从事环保检测和环境监测的公司也具有增长前景。

（4）节能相关行业。随着全球节能效应的凸显，节能相关公司也具有非常可观的投资价值。近年来，国家政策不断支持节能减排，在源头处控制能源消耗已成为公司的共识。因此，节能相关公司将有更广阔的发展前景。

总之，识别潜在的行业投资机会需要一定的分析能力和洞察力，可以从社会与国家宏观经济因素、行业结构性变化、行业基本面分析以及具体的行业技术分析等多个角度去研究和判断行业的趋势，而专业机构的研究分析报告，有助于投资者更好地去把握股市中的大机会。

第二节　鉴别真正的历史抄底机会

所谓历史抄底机会，通常指某一特定股票或市场出现历史低位的时机，投资者可以在这个时机重仓买入股票，以期在未来股价回升时获得巨大的收益。

在股票市场中，寻找历史抄底机会是每一位投资者的梦想，而鉴别真正的历史抄底机会，是每一位投资者在股市中面临的一项重要任务。

投资者如果判断正确，且牢牢抓住了历史抄底的大机会，自然可以获得巨大的回报。不过，对于普通投资者来说，要想鉴别真正的历史抄底机会，其实并不容易，因为市场的走势复杂，会受到多种因素的影响。

那么，要想鉴别真正的历史抄底机会，该怎么做呢？

一、回顾历史

A股市场虽然存在的时间不算长，但它也出现过多次历史低位，比如以下这三次，是A股历史上较为显著的历史抄底机会，如图5-3所示。

（1）2005年年底。A股市场在2005年之前经历了新世纪初的美国纳斯达克互联网泡沫破灭引发的全球股灾，从2001年见顶回落，一路跌到2005年，上证指数更是在2005年年中跌破1000点。之后，有了"股权分置改革"的实施和推进，政府也出台了一系列鼓励股市发展的政策，包括扩大国内机构投资者的投资范围、放松对外资进入股市的限制等，这些刺激了市场信心的回升，推动了 A 股市场的反弹和复苏。

（2）2008—2009 年。全球金融危机爆发，牵动着全球各个股市。A 股市场同样受到重创，股价大幅下跌。然而，在 2008 年年底到 2009 年年初，中国政府积极采取了一系列刺激经济的措施，其中包括推出了 4 万亿元的经济刺激计划。这些举措为 A 股市场带来了巨大的流动性，并缓解了投资者的恐慌情绪，引领了市场的反弹。

（3）2014 年年中。2013 至 2014 年，A 股上证指数一直在 2000 点左右徘徊，最低下探至 1849.65 点。到了 2014 年年中，股市迎来一次调整，并于 7 月进入缓慢爬升阶段，开始吸引大量投资者的进入，逐渐形成了后来的牛市行情。

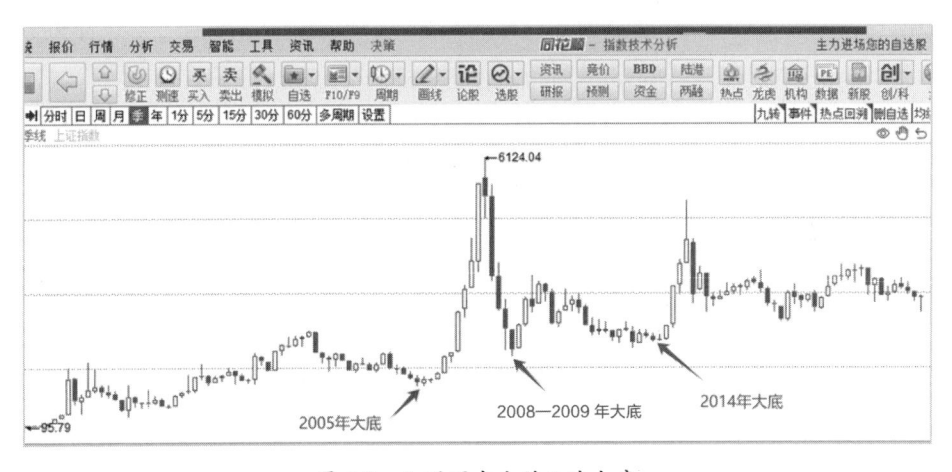

图 5-3　A 股历史上的三次大底

二、总结规律

回顾历史，会发现当历史大底出现之时，每次都看似不一样，但其实每次又都会有很多共同特征。那么，在股市中，当真正的历史抄底机会出现之时，都会有哪些显著的特征呢？

（1）低估值。股市处于底部时，股票的估值普遍较低。这意味着投资者可以以较低的价格购买股票，获得更大的投资回报机会。

（2）悲观情绪。股市处于底部时，投资者普遍持悲观情绪。他们对经济前景和公司盈利预期持怀疑态度，担心股价会继续下跌。

（3）大量抛售。在股市底部，投资者通常会大规模抛售，以避免进一步的损失。这种抛售行为导致股价进一步下跌，但也为那些看好市场反弹的投资者提供了买入机会。

（4）高波动性。股市处于底部时，市场波动性通常较高。市场情绪的不稳定使得股价经常波动，给投资者带来更高的风险和更多的机会。

（5）利好消息。股市底部出现时，通常也会有一些利好消息出现。这些消息可能包括经济政策调整、公司业绩改善或其他市场推动因素。这些利好消息可能成为市场触底反弹的催化剂。

三、找对方法

通过对历史大底规律的了解，我们对历史抄底机会有了初步的认知，接下来就该实操了。那么，要怎样来鉴别历史抄底机会？其具体方法和技巧有哪些呢？

（1）分析市场数据与走势。可以通过观察过去的市场数据和图表，来了解市场的趋势和周期，以及各个周期中的底部情况，比如可以通过技术分析方法来判断市场的短期和长期走势。此处需要注意的是，历史数据只能作为参考，不能完全预测未来市场的表现。理解历史抄底机会的背后原因，以及综合考虑市场的多种因素，是寻找真正抄底机会的关键。

（2）分析市场估值。通过对历史市盈率、市净率等估值指标的分析，了解股市的估值水平。当市场估值处于较低水平时，可能存在抄底机会。但需要注意，估值并非唯一的判断标准，还需结合其他因素综合考虑。

（3）了解经济基本面。观察宏观经济指标和公司业绩，了解经济环境、国家政策和公司状况。经济从衰退中逐渐复苏，公司盈利状况改善，可能是市场到达底部准备反弹的一个信号。

（4）关注市场情绪。市场情绪就是投资者的情绪，在市场波动中扮演着重要角色。当市场情绪达到恐慌或悲观的程度时，可能说明市场抄底机会的到来。可以通过投资者情绪指标、成交量、股市波动性等观察市场情绪的变化。

传奇投资人彼得·林奇有一个著名的鸡尾酒会理论，可以反映市场情绪与股市行情的关系：他参加一场鸡尾酒晚宴，当客人对牙医而不是对他感兴趣时，股市往往处于低迷阶段；当客人愿意闲聊股票但还是更关心牙齿时，股市即将迎来上涨反弹；当包括牙医在内的所有人都围着他，询问该买哪只股票时，股市达到阶段性高点；而当客人都开始向他推荐股票时，市场已经达到了高点。也许，当所有人都在"唱衰"时，历史底部已经悄悄到来了。

（5）了解市场周期。所谓市场周期，即资本市场生命周期，是指资本市场有周而复始的"生命现象"，在一段时间内经历从兴起、成长、成熟至衰退的过程，因此市场周期又可分为四个阶段：兴起期、成长期、成熟期以及衰退期。如果能认识市场周期的特性，把握住市场周期规律，那么就能在市场的底部或者兴起期实现抄底。当然了，市场周期并不是一个固定的时间段，其长度和走势受多种因素影响，包括经济周期、政策调控、国际形势等。此外，市场周期本身难以被预测，过去的市场走势并不能保证未来的表现。因此，投资者在制定投资策略时，应综合考虑多个因素，避免仅仅依赖市场周期来做投资决策。

（6）密切监控市场动态。及时获取最新的公司、行业和市场动态，以充分了解相关信息对股票和市场的影响。

（7）谨慎评估风险。抄底机会带有一定的风险，投资者应该对风险进行全面评估，并制定适当的风险管理策略。

股市底部是一个复杂而不确定的概念，判断股市是否处于历史底部需要全面考虑。鉴别真正的历史抄底机会，需要投资者具备丰富的经验、精准的判断力和良好的分析能力。只要懂得分析市场数据与走势、分析市场估值、了解经济基本面、关注市场情绪、了解市场周期、密切监控市场动态、谨慎评估风险等方法与技巧，那么就算是普通的个人投资者，也可以很好地把握住历史抄底的大机会。

当然，股票市场具有不确定性和风险，投资者应该谨慎对待历史抄底机会，制定合理的投资策略，以规避风险并提高投资回报。

第三节 抓住打新股带来的盈利机会

打新股就是新股申购。在新股发行期间，投资者可以参与新股的申购，如果中签的话，就能以发行价买入即将上市的股票。投资新手一定要积极参与打新股，可以说，打新股是股市中风险较低且收益较高的投资方式。

一、打新股的好处

新股被一些人视为"免费的彩票"，虽然没有那么夸张的倍增收益，但打新股确实是股市能提供给股民的为数不多的福利之一，其中可见的好处有三个。

（1）门槛低。相较于其他投资方式，打新股的投资门槛更低。一般来说，投资者只需具备一定的资金实力，即可参与打新股。

（2）收益高。打新股的收益主要来自股价的上涨，由于新股上市涨跌幅规则放开（如沪深主板股票上市首日最高涨幅不超过44%，最大跌幅不超过36%，而科创板和创业板股票在上市后的前5个交易日内不设置涨跌幅限制），新股上市时股价容易受到市场炒作而出现超额的涨幅。如2023年8月9日，创业板新股"盟固利"以首日1742.48%的涨幅震惊整个市场。同时，打新股没有佣金、过户费、印花税等费用，卖出新股的差价部分都是收益。因此，打新股成功的短期收益是非常客观的。

（3）资金流动性强、风险低。新股上市后，投资者可以随时进行买卖，资金流动性较强，被套牢的风险也较低。

在 A 股市场中，打新股是股票投资者最喜闻乐见的一种投资策略，而且在过去很长一段时间里，打新股被认为是稳赚不赔的，A 股中有着"新股不败"的神话。

当然，打新股并不是真的稳赚不赔，任何投资都是有风险的，新股也有可能出现破发的情况，因此，投资者在参与打新股时，需要充分了解新股背后公司的基本面，并认识到打新股所存在的风险。

不过从现实情况来看，打新股成功后的赚钱概率仍是远高于亏钱概率的。根据澎湃新闻的统计，以首日收盘价计算，2023 年在 A 股上市的 313 只新股，平均首日涨幅为 66.45%，每中一签的新股收益均值为 6159 元。其中，52 只股票跌破发行价，破发率为 16.6%，6 只股票与发行价持平，而有 254 只股票出现不同程度的上涨。总的来说，在 A 股市场中，大部分上市的新股会给投资者带来不错的收益，因此投资者应该多多参与打新股。虽然打新股的门槛比较低，但也仍然有一些硬性的权限和申购资格规定，且国内三大交易所的打新股规则还不太一样，下面根据交易所的相关规定总结了打新股规则，供大家参考。

（1）申购资格。在上交所（上海证券交易所）和深交所（深圳证券交易所）打新股，需要在申购前的 20 个交易日内，账户内有不少于 1 万元的非限售 A 股市值，而且上交所和深交所市场是分开计算的。若是申购深交所创业板、上交所科创板以及北交所（北京证券交易所）的新股，必须先开通对应股票板块的交易权限。

（2）配售规定。持有 1 万元市值的沪市股票可获得 1 个申购单位，1 个申购单位可申购 1000 股沪市新股；持有 5000 元市值的深市股票可获得 1 个申购单位，1 个申购单位可申购 500 股深市新股，但是也需持有 1 万元市值以上的深市股票才可以申购。北交所的新股配售则采取比例配售方式，按申购的比例来分配新股，分配的基本单位是 100 股，且申购数量大的优先、数量相同时时间靠前的优先。因此，北交所的配股规则可以认为是申购资金越多，中签的概率就会越高。

同时，投资者只能用一个账户申购同一只新股且不能撤单，即用自己的一个证券账户申购某新股之后，再用自己的另外一个账户申购该新股为无效申购。

（3）资金准备。在上交所和深交所打新股不需要冻结资金，只需要打中新股之后，在 T+2 日的 16:00 之前准备好相应资金。

与上交所和深交所打新股规则不同，参与北交所的打新股，投资者无须持有任何市值的股票。但是，在打新股前，应将申购资金足额存入资金账户，即投资者在北交所打新股需要冻结资金，待获配股数确定后再退回多缴款项，缴款日与退款日间隔两个交易日。

需要注意的是，如果投资者连续 12 个月内累计出现 3 次打新股中签后没有足额缴款的情况，该投资者名下账户 6 个月内不可以参与网上打新股。在投资者一人有多个证券账户的情况下，申购额度会统一计算，投资者不要用多个账户重复操作，重复操作视为无效申购。新股的申购时间和 A 股交易时间相同，其他时间无法进行申购。

二、如何提高打新股中签率

由于打新股中签能带来较为可观的收益，因此很多股民都会坚持参与打新股，加上新发行的股票数量较少，就造成打新股的中签率很低，投资者坚持几年都不曾中签的情况也是常见的。那么，如何提高打新股的中签率呢？下面总结的一些小技巧，可帮助投资者提高打新股中签率。

1. 提高持有市值

对于打新股来说，提高中签率最有效的方法就是提高持有市值。因为在打新股过程中，配号越多，中签的概率越高，而配号是根据投资者持有的市值来分配的。简单地说，持有 100 万元的资金，会比持有 10 万元的资金的中签率更高，因为申购 100 个号码比申购 10 个号码的中签率更高，这是再简单不过的道理了。所以，提高持有市值是提高打新股中签率最好的办法之一。

2. 开通多板块的权限

股市由许多不同板块构成，如主板、科创板、创业板等，在条件允许的情况下，投资者可以开通多个板块的交易权限，这样就可以同时申购这几个板块的新股，通过增加打新股的种类，提高中签率。

3. 挑选新股

应该优先选择流通市值更大的个股去申购，这样中签率会更高。对于资金较少的投资者来说，由于大盘股的中签率明显高于小盘股，可积极参与大盘股的打新，还可以多多关注中小资金股、不受关注的新股，这类新股通常被忽视，但其中签率可能会相对较高。

4. 坚持打新股

随着技术的发展，网上打新股越来越便捷，尤其是像同花顺 App 等股票交易软件，不仅有"打新日历"功能，在交易页面中也会提醒投资者参与新股的申购，用户只需要简单操作即可完成打新股（见图 5-4）。因此建议投资者坚持打新股，这样可以提高总体的中签率。

总之，在当下的 A 股市场中，打新股是一个赢面非常大的投资策略，所以，无论有没有中签，只要具备打新股资格，都应该坚持参与，千万不能因为几次没中就放弃，从而放弃可能带来的盈利机会。当然，随着市场的变化，新股破发的现象也时有发生，投资者同样需要注意风险控制。

图 5-4　同花顺 App 的"打新日历"功能

第四节　巧妙捕捉股市中的暴利股

在A股市场中有这样一个现象，那就是无论在牛市、熊市，还是震荡市中，都会出现一只或几只股价涨幅巨大，完全不与市场同步的暴利股，其也被称作"妖股"。投资者如果能独具慧眼，巧妙地找到暴利股并且有胆识坚定持有，那么就算是处于"跌跌不休"的大熊市中，也能够超越99.99%的投资者，获得暴利。可以这样说：股市中的每一个散户，都希望自己能抓住这类股票，以期望赚取高额的利润。那么，应该如何做才能梦想成真呢？

一、掌握暴利股的特征

掌握了暴利股的特征，才更容易找到暴利股。从A股市场来看，暴利股的主要特征有以下几点。

（1）高关注度。暴利股往往是被炒作起来的，因此通常有很高的人气，跟风资金足，资金进出容易，可以充分换手，造成多主力合力做多，并且持续接力，在短期内形成连续涨停的态势。

（2）总市值小、流通盘少。暴利股基本都是小盘股、次新股。盘子小是暴利股必备的要素。盘子越小，大游资和散户越能接力，盘子太大后，接力难度就大了。一般暴利股启动时市值均在100亿元以下，特别是50亿元左右的暴利股比例最大。这是有特殊原因的，50亿元可以炒至150亿元，但150亿元的想成为暴利股，按同样倍数，要达到450亿元，这显然不太可能。

（3）股价低、位置低。大部分暴利股启动前一般每股股价低于20元，且90%都低于10元，在2元与7元之间。暴利股启动时往往处在低位区域，在前期阴线或长期横盘的掩护下容易暴涨，而当股价运行到前一次高位附近或者筹码密集区时往往会有较大阻力。

（4）高换手率、高成交量。暴利股的换手率和成交量都十分高，这代表股票流通性好，主力资金不断进出拉升股价，因此暴利股往往是短线资金追逐的对象。

（5）走势与大盘相反。暴利股走势通常和大盘相反，即它经常在大盘下跌时，发生逆大盘上涨的情况。其行情与股价都不同寻常，但当用户注意到它与众不同时，其股价已是"一山还比一山高"，而且无法跟风。

（6）从大阳线开始。暴利股"走妖"的形式都是从大阳线，甚至是涨停板开始的，标志着主力资金的正式介入，之前的走势都是小阳小阴、缩量的形态，之后放量出现大阳线，也是主力资金正式开始拉升股价的时期。在游资圈流行这样一句话：上涨就是上涨最好的理由。只有上涨才能聚集人气，也才能有资金介入，更重要的是能让"龙头"脱离板块，演变成"妖"。

以2023年A股市场上的知名暴利股捷荣技术为例。捷荣技术自2017年上市以来，股价长期徘徊在10元/股以下，市值在50亿元以下（股价低，位置低）。2023年8月开始，由于受到华为概念的影响（高关注度），股价开始上升。8月29日，华为Mate 60 Pro手机开售，捷荣技术股价由9.02元/股开始，上涨了7.99%，次日开盘后直接涨停（大阳线开始），并在9月份录得14个涨停板，股价上涨至52.36元/股。根据该股龙虎榜数据显示，在股价上涨期间，有多支知名"游资队伍"现身龙虎榜，游资和主力资金的持续介入，使得该股成了名副其实的暴利股（见图5-5）。

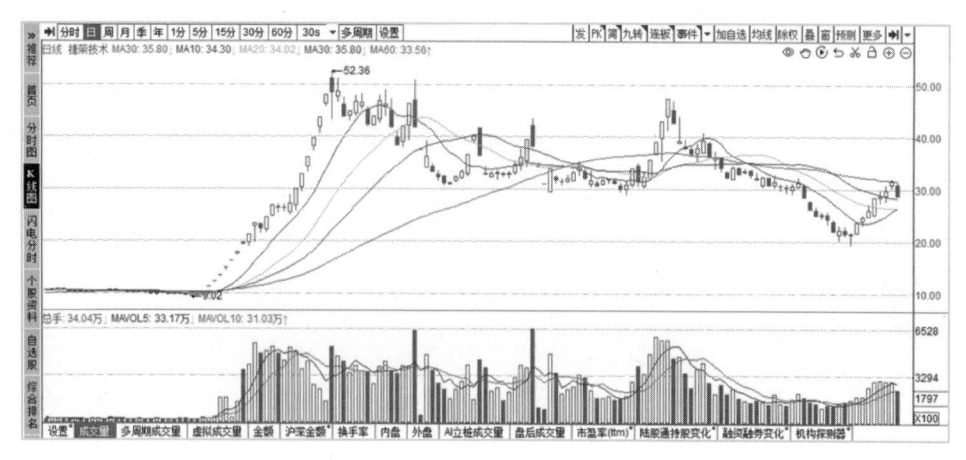

图 5-5　捷荣技术在 2023 年 9 月份录得 14 个涨停板

总的来说，暴利股的特征多种多样。投资者如果想要投资暴利股，就需要具有一定的市场敏感性和风险意识，在上述特征的基础上，进行更为深入的研究和分析，以求把控风险，获得更高的收益。

二、寻找暴利股的途径

在明了暴利股的特征之后，投资者可以按照其特征锁定那些容易出现暴利股的群体，然后在小范围内寻找、捕捉可能的投资标的。那么，有哪些途径来捕捉暴利股呢？

1. 在大资金介入的个股中寻找暴利股

量在价先，股价的上涨基本都是资金堆积起来的。所以，在寻找暴利股时，大资金的介入通常被认为是一个重要的指标。介入的大资金可能代表着市场中的主力资金或机构投资者，其买入行为往往意味着对于该个股的看好。以下是在大资金介入的个股中寻找暴利股的具体方法。

（1）监测资金流向。通过监测资金流向，可以识别哪些个股受到大资金的青睐。一种常用的方法是通过查看个股的成交量和资金净流入情况（如利用同花顺 App 的"资金"功能可以一键统计实时资金流向情况）。大资金的流入往往伴随着较高的成交量和正的资金净流入。此外，还可以关注主力资金的操作情况，如关注大宗交易和龙虎榜等数据。

（2）关注机构投资者的持仓情况。机构投资者往往有更丰富的资源和专业的研究团队，其投资决策往往具有较高的参考价值。关注机构投资者的持仓情况，特别是一些知名的公募基金、保险资金或投资机构的持仓情况，可以找到受到机构投资者关注的个股。这些机构投资者的介入往往会带动股价上涨。

（3）市场热点。市场热点往往会吸引大量资金的关注和介入，从而推动个股价格上涨，很多暴利股都是题材龙头股，人气高涨，很容易吸引主力资金、游资和散户的资金进入（如上面提到的捷荣技术）。因此应该及时关注公司公告、新闻报道和市场热点，了解有关个股的最新情况和未来发展前景。

需要注意的是，大资金介入虽然是一个重要指标，但只是寻找暴利个股的一个参考因素，不能作为唯一的依据，应结合其他技术指标和研究方法进行综合分析。

2. 在重组股中寻找暴利股

在A股市场中，重组股一直是投资者热议的话题。重组股在经历公司重组、资产重组等事件后，往往伴随着股价的大幅上涨，成为暴利股，从而带来巨大的投资机会。例如，2023年2月1日，中航电测发布了一则资产重组公告称，拟通过发行股份的方式购买航空工业集团持有的航空工业成飞100%的股权，之后，中航电测连续8个交易日一字板涨停（见图5-6）。

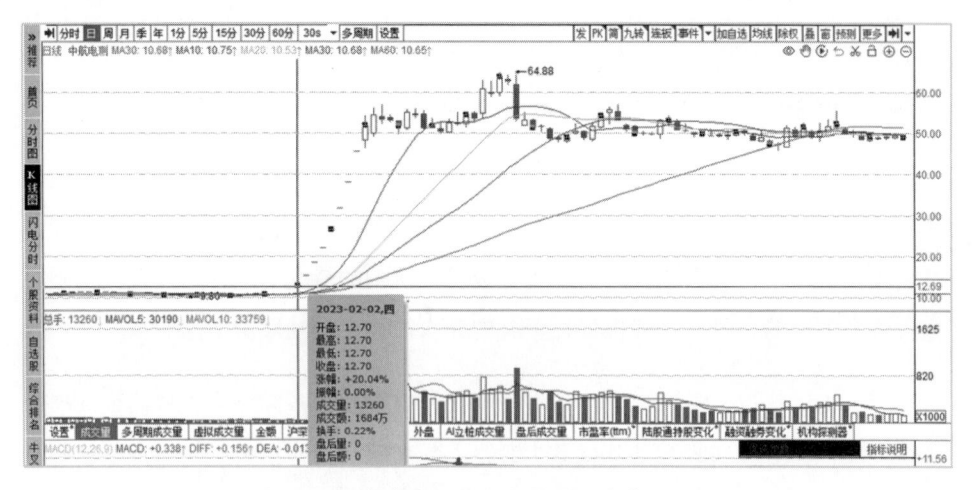

图 5-6　因资产重组而变为暴利股的中航电测

那么，应该如何从重组股中抓住暴利股，提高投资成功的可能性呢？

（1）关注市场消息。重组股是一类特殊的股票，市场中的消息往往影响其重组的情况和成功率。通常来说，重组股的信息来源主要可以有三个：官方公告、媒体报道和投资者论坛。公司公告可以提供关于某些重大事件或计划的正式通知，媒体和论坛则可以提供独立的、批判性的信息，有助于投资者深入了解重组股的情况。

（2）财务指标分析，选择有盈利能力的公司。重组股往往是行业内的优质公司，重组后有望成为行业的领军者。因此，投资者可以通过分析重组股的财务指标，如营业收入、净利润、净资产收益率等，评估其盈利能力和财务健康状况。此外，还可以关注公司的成本控制能力、盈利增长动力等方面的指标。通过对重组股的综合评估，选出具备盈利能力和增长潜力的公司，从而增加投资成功的可能性。

（3）懂得市场情绪研判，把握投资机会。市场情绪在重组股的投资中扮演着重要的角色。投资者需关注市场对于重组股的热情和预期，把握投资机会。重组股往往受到市场关注和炒作，其股价可能出现短期的剧烈波动。投资者可以结合市场情绪做出相应的投资决策，例如，进行短线交易或长线持有。

需要注意的是，投资重组股存在一定的风险，投资者应保持冷静和理性，避免盲目追涨杀跌，并密切关注公司的基本面和重组进展。

3. 在高送转股中抓住暴利股

某些上市公司在业绩较好的情况下，通过增加股本、派发股息或股票红利的方式向股东分配利润，这种股票就是高送转股。公司的这种做法不仅可以增加股东持股数量，还能够提高股东的权益回报率。由于高送转股背后的公司往往业绩优良，股价也会受到积极的影响。

对于高送转股，可以采用以下的选股策略。

（1）关注行业领先者。如选择行业龙头或具有行业优势的公司，在经济周期向好的时候，这些公司更有可能实现"高送转"。

（2）关注业绩增长稳定的公司。如选择近几年业绩稳定增长的公司，这些公司有望在未来继续提高盈利能力。

（3）关注分红政策积极的公司。如选择有较高分红比例并稳定增长的公司，这些公司的高送转股更有可能给股东带来丰厚的回报。

（4）关注大股东行动。密切关注大股东的股份变动和行为，大股东的增持行为可能预示着"高送转"的可能性。

在高送转股中寻找暴利股，需要深入研究和分析，关注公司的业绩、分红政策以及大股东的行动，合理制定选股策略和风险控制措施。

4. 从基本面反转股中寻找暴利股

所谓寻找基本面反转股，就是寻找那些业绩出现逆转迹象的公司，从而寻找到潜在的暴利股。其具体方法如下。

（1）财务分析。仔细研究公司的财务报表，包括收入、利润、现金流等指标。

寻找那些过去业绩较差但盈利能力正在改善的公司。关注公司的盈利能力、毛利率、净利率等指标，以确定业绩是否出现明显反转。

（2）行业对比。将公司的财务表现与同行业的其他公司进行对比。寻找那些在同行业中具有相对优势和改善潜力的公司，比较公司在市场份额、技术创新、产品竞争力等方面的优势，确定其是否具备长期增长能力。

（3）管理层的能力。评估公司管理团队的能力和决策过程，一个具有强大的管理团队、优秀的业绩记录和积极的经营战略的公司，才有望实现业绩逆转，当然，这对投资者有较高的商业管理知识储备要求。

（4）新闻和公告。跟踪公司发布的新闻和公告，寻找重大利好消息或事件，如新合同获得、公司改革计划等。这些事件可能是业绩发生逆转的驱动因素。

（5）分析专业报告。参考研究机构和专业分析师的报告和评级，了解他们对公司的看法和预测，这些报告可能提供对有关公司和行业前景的深入分析，以及潜在的业绩逆转机会。

需要注意的是，投资基本面反转股，存在不确定性的风险，毕竟公司业绩反转并不总是成功的。所以，在运用此策略之时，投资者必须要对公司基本面进行深入研究和评估，包括财务状况、行业地位、竞争环境和管理团队等方面。

以上是股民常用的一些寻找暴利股的途径。除此之外，还可以在 ST 股中或在短线龙头股中寻找暴利股。投资者需要在以后的投资过程中不断去摸索与总结，才能提高抓住暴利股的准确度。需要特别注意的是，投资暴利股是一种高收益与高风险并存的策略，因为暴涨之后往往就是暴跌，所以千万要注意风险防控。

第五节　把握回调机会，抢抓两大机遇

在股市中，有些股票在连续上涨的过程中会出现价格的短期下跌，这种下跌幅度有大有小，但并不会导致行情转为下跌趋势，这种情况就称为回调。回调一般出现在股价迅猛上涨之后，由于价格上涨速度快，很多原先持有的投资者开始选择让收益落袋为安，卖单多于买单之后，价格自然就下跌了。

当股市回调、股价下跌之时，许多投资者都会非常担心。但是，正如股市谚语所说："风险是涨出来的，机遇是跌出来的"，股市回调也是投资者获得超额收益的投资机会。

但实际上，判断股票是回调还是下跌，是非常难的事情，虽然有很多预测股市回调的技术分析方法，但大都不太容易掌握，尤其对于投资新手来说，要想准确判断回调时机，难度极大。既然如此，投资者是否有可能抓住回调的投资机会呢？答案是肯定的。

通常来说，要想抓住股市回调所提供的大好机会，投资者往往需要做好以下准备。

（1）坚持长期的投资计划。应该理解股票投资的长期性质，不应当受到短期价格波动的影响。股票市场存在短期的波动，并不意味着股票的真实价值下降，因此，不应该盲目地进行交易。相反，应该坚持长期的投资计划，寻找价格合理的股票，并在适当的时候投资。

（2）留意市场趋势。投资者需要密切关注市场趋势。股票市场中可能会出现一些明显的趋势，例如"买入谣言，卖出事实"等。通过对市场趋势的观察和分析，可以更好地了解哪些行业或公司的股票值得投资，以及哪些股票可能因市场回调而遭受损失。

（3）避免情绪化交易。众所周知，炒股就是炒心态，情绪化交易是投资者在股票市场中最大的敌人之一。当市场出现回调时，投资者因为慌张或恐惧等情绪而快速做出决定，导致他们对市场波动做出错误反应，如追涨杀跌导致在股价最高点时买入，而在最低点时卖出。相反，那些成熟的投资者则会保持冷静，以便在股价高企或回调时采取适当的交易行动。

（4）寻找被低估的股票。对于那些基本面强劲的公司而言，股票因遭遇市场波动而出现的回调，实际上给投资者提供了一个买入机会。因此，应该将股票市场看作一个折扣商店，当市场回调时，可以寻找被严重低估的股票。在股价降低时，可以购买这些股票，以期在以后上涨时取得收益。

巴菲特曾说，"别人贪婪时我恐惧，别人恐惧时我贪婪"。在面对股市回调时，不应该人云亦云，而是要以成熟且冷静的心态行事。

当然了，要想真正抓住股市回调机会，仅仅做好以上这些准备工作是不够的。为了获得超额收益，实现大丰收，在股市回调之时，应该重点关注两大机遇。

一、个别优质公司遭遇"黑天鹅"事件时

在现实社会里，或许每个成年人都知道抢抓机遇的重要性，特别是在重大转折点上更是如此。其实，股市中也经常会有这种能够让个人资产上一大台阶的大机遇，比如，个别优质公司遭遇"黑天鹅"事件时，就是其中之一。

回顾 A 股历史，比较有代表性的案例就是 2008 年的某股份。当时，某股份被媒体曝光质量问题，这一事件对某股份的声誉和股价造成了非常严重的影响。某股份的股价曾一度跌至 2 元/股，成了 ST 股票。然而，时过境迁，如今它的涨

幅已经超过了 10 倍，实现了惊人的增长。质量问题虽然导致了公司股价一时的大幅下跌，但也为那些能看清某股份基本面优势、有足够耐心持有股票的投资者带来了重大机遇。

那么，这一案例给投资者带来了哪些有关投资机会的启示呢？

（1）关注遭遇"黑天鹅"事件的上市公司的竞争优势是否存在。虽然某股份因为突发事件而受到市场和民众的抨击，口碑和估值都遭遇重大挫折，但作为该行业的龙头，某股份依然有着稳定的市场份额和强大的品牌力量，其基本面依然强劲，竞争优势依然存在，正所谓"价格最终会回归价值"，好的公司终将迎来价值回归的一天。

（2）把握股价的波动。在类似的因"黑天鹅"事件而产生的市场恐慌中，投资者应该更加注重股价的波动，在股价大跌之际，投资者充分了解公司基本面信息后，可根据自己的风险承受能力，适当选择低吸高卖的策略，跟随市场的高低变化买卖股票。

（3）反思投资策略。在股市中，不是每个投资机遇都能带来成功，投资机会窗口有长有短，全看投资者选择什么样的方式去对待。短线搏杀有时候能够快速获取暴利，却也可能让投资者陷入追涨杀跌的困局中；长期持有有时候陷入被动"套牢"的局面，却也可能最终让投资者收获了时间的果实。因此，投资者需要时刻反思自己的投资策略，以适应市场的变化，把握住潜在的投资机会。

需要注意的是，这里所提到的机遇，有个至关重要的前提条件是"优质公司"遭遇"黑天鹅"事件。假设某股份在遭遇"黑天鹅"事件后基本面崩盘、竞争优势不再，那么投资者就应当谨慎投资。

二、长期牛股阶段性大幅调整时

在股市中，长期牛股阶段性大幅调整之时（比如回调 30%～50%时），往往也会给投资者提供能够让个人资产上一大台阶的大机遇。回看 A 股历史，这一块比较有代表性的股票当属贵州茅台。

贵州茅台是国内白酒品牌的领军企业之一，其产品被誉为中国的"国酒"。贵州茅台一直以来都是 A 股市场中家喻户晓的长期牛股之一。回望贵州茅台的股市历程，它曾经多次出现大幅回调，给了聪明的投资者买入它的大好机会。

（1）2008—2009 年金融危机期间。这次金融危机是全球性的危机，对各种股票市场的影响都是深远的。不过，对于一些具有强劲基本面的公司而言，危机期间的股票下跌并不一定意味着它的商业前景的下降或价值的缩水。贵州茅台就是这样的一个公司。2008 年年初，贵州茅台的股价在 200 元/股左右，但是由于金融危机的影响，到了当年 11 月月底，股价跌到了 100 元/股以内。不过，贵州茅台在此后迅速反弹，重回一个更高的水平。到了 2009 年 3 月，贵州茅台回调了超过 30%，聪明的投资者此时应该是在大幅入场，而不是恐慌抛售。

（2）2012—2014 年年初。在 2012 年 7 月贵州茅台的股价攀上 230.5 元/股的阶段高点后，"三公消费禁令"的出台以及白酒行业"塑化剂风波"的影响，使贵州茅台的股价开始走低，特别是到了 2014 年 1 月，贵州茅台股价最低触及 118.01 元/股。此时，鉴于其基本面依然强劲，意味着这是一次非常有吸引力的投资机会。此后，贵州茅台的股价不断上涨，最终达到历史新高。

（3）2015—2016 年年初。2015 年 5 月，贵州茅台的股价达到了历史最高点 290 元/股，但随后受到大盘持续暴跌的影响，贵州茅台的股价也一路走低，到 2015 年 8 月，其股价跌至最低点 166.2 元/股，至 2016 年初，股价仍在 200 元/股以下徘徊。然而，优质公司终究还是会得到人们的青睐，从 2016 年开始，投资者们持续地用手中的钞票来支持贵州茅台，让其股价一路走高，不断创造 A 股市场的历史纪录，也让贵州茅台成为 A 股市场中最有价值的股票之一。

历史上，作为 A 股市场中的长期牛股，贵州茅台的股票经历了几个大幅回调期（见图 5-7），而它每一次大幅回调之时，正是投资者买入的大好机会。

图 5-7　贵州茅台股价历史上的几次大幅回调期

那么，投资者遇到类似贵州茅台这种长期牛股阶段性大幅调整之时，具体应该怎么做才能抓住大机遇，获得高回报？

（1）更注重长期投资。投资长期大牛股，长期持有才会有更多惊喜。拿贵州茅台举例，持有贵州茅台的投资者之所以成功，并非出于短期投资。虽然股票投资者可以在大幅回调时购买它的股票，但更重要的是需要相信贵州茅台是一个可以获得长期投资收益的公司，所以买入后一定要懂得长期持有。

（2）多多研究和分析公司基本面与市场情况。在购买任何长期牛股之前，投资者都要懂得研究股票背后的公司和市场情况，特别是在金融市场波动引起的长期大幅回调之时，只有了解了自己买的是什么样的公司的股票，才能避免遇上小波动就恐慌卖出，错过之后的股价暴涨阶段。还是拿贵州茅台来举例，投资者应该掌握贵州茅台公司的商业模式、成长趋势、利润率等基本面数据，并仔细分析中国白酒市场的消费情况，如此，才会有勇气在贵州茅台股价大跌之时买入，且能十年如一日拿着它，抓住改变个人命运的机会。

综上所述，股市回调、股价下跌，为投资者提供了以较低的价格买入优质股票的大好机会。但需要注意的是，在考虑把股市回调作为投资机会时，投资者应该对买入的标的进行全面的分析，找出那些被市场"错杀"的好股，而不是掉入"股价越跌，估值越贵"的绩差股的陷阱里。

第六节　识别成交量放大的市场机会

成交量是指在一定时间内市场中的股票交易数量，它同股价一样，是衡量市场活跃程度的重要指标。当成交量放大时，不但暗示着市场中产生了大量的交易，也意味着市场出现了可能引发价格变化的重大消息或事件。通常来说，引起股票成交量放大的原因有这样一些：重大新闻事件通常会引起市场的剧烈波动，导致成交量放大；当股价突破重要的技术位或关键价位时，也往往会引发交易活跃；在公司发布季度、年度财报时，成交量常常也会放大。

在股市中，有这样一种普遍的共识：成交量越放大，成交越活跃，后续行情的爆发概率就会越大。而市场中那些靠中短线交易获得成功的投资者，大部分都是擅长通过观察成交量的变化来抓住市场机会的。因此，如何抓住成交量放大的市场机会，是投资新手在进行股市分析时必须掌握的。

一、成交量放大背后的投资逻辑

为什么说成交量越放大，后续行情的爆发概率就会越大呢？

首先，当成交量放大时，意味着更多的资金在市场中交易，投资者的买入意愿较高，使得后续行情爆发的可能性更大，会引发较大的价格波动。比如，某只股票的成交量在过去几个交易日持续攀升，突破了历史平均水平，这意味着市场参与度较高，投资者的情绪积极向上。如果此时出现了一项重大利好消息，可能引发更多的资金涌入市场，从而推动该股票价格大幅上涨。

其次，成交量放大往往反映了市场中多头力量的强势表现。所谓多头力量，指的是看涨市场的势力，他们倾向于买入（做多）操作。当多头力量强劲时，就提升了后续行情爆发的可能性。

最后，成交量放大往往与市场热点的集中关注度有关。当某一行业或个股成为市场热点时，投资者会纷纷关注并参与其中，其成交量自然变得更加活跃。市场热点通常伴随着股价的快速上涨或下跌，成交量的放大则正是这一行情爆发的重要信号。

如果用一句话来概括，那就是：成交量放大是市场情绪、多头力量、热点关注等多种因素的集中表现。当这众多积极因素汇集到一起时，必将撞出"火花"，推动后续行情的爆发，从而带来大好的投资机会。

既然成交量放大提供了好的市场机会，那是不是就意味着只要观察到成交量放大的股票就可以买入，然后就能获取利润呢？

答案是否定的。面对成交量放大，需要一分为二地对待。

（1）成交量在上升，股价也在上涨。这种情况的出现，往往意味着市场中存在着较大规模的买盘，或者受到了热门概念的"催化"，还可能反映了积极的市场情绪。当出现这种量价齐扬的行情时，如果买入该股，就有可能获得较高收益。

（2）成交量在上升，股价反而下跌。在股票市场中，投资者通常会认为成交量的上升意味着股价的上升。然而，有时候成交量上升，股价反而下跌，这是为什么呢？出现这种情况，往往意味着市场中存在较大的抛压，还可能意味着市场缺乏信心。而随着抛压盘（做空力量）的逐步匮乏，该股随后出现价格回升的概率非常大。因此，这个时候就要有足够耐心，学会等待，待股价跌不动时，就是好的买入时机。

如图5-8所示，博信股份在2023年12月6日突然出现成交量大幅攀升，股价也随之上涨，并在之后几个交易日内连续大幅上涨，形成了量价齐升的行情。但由于涨势过快，抛压达到顶点，趋势出现反转，并在 12 月 15 日出现了量升价跌的行情。

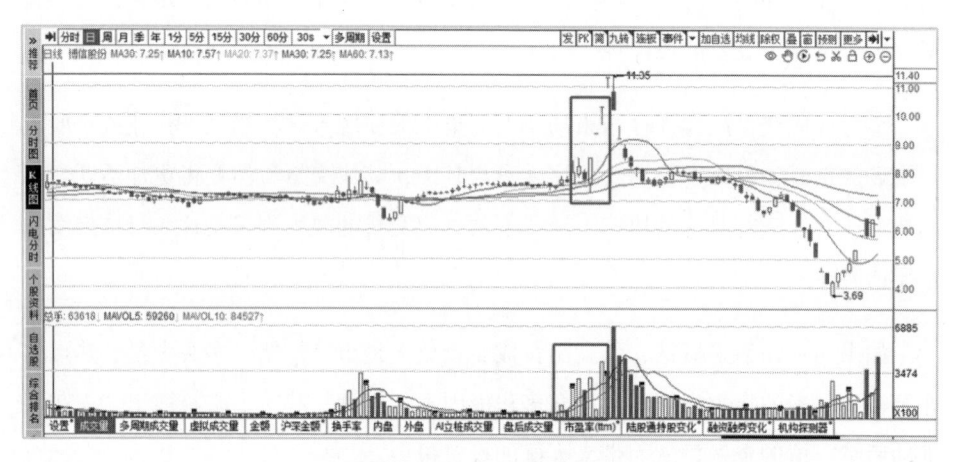

图 5-8　量价齐升行情示例

二、如何抓住成交量放大的市场机会

要想抓住成交量放大的市场机会，还需要制定具体的实施策略，具体操作步骤如下。

1. 选好个股

成交量放大是一个机会和风险并存的过程，市场中近期成交的热门股票，通常风险较高，成交量也不是越高越好。因此，要选出量价齐扬、有良好经营业绩、有增长潜力的公司的股票，这样才能够获得最高的收益，并使风险降到最低。

2. 设置止损位

市场短期变化不断，投资策略也应随之改变。上涨行情下的买入策略，不能够适应下跌行情，如果发现是误判，则需要及时止损。在买入股票之初，就应该设置适当的止损位，以留给自己纠错的机会。

3. 守株待兔

成交量放大的一种风险是，市场把握不了突发事件对股票行情的影响力，这个时候，有一个比较好的策略是"守株待兔"：即要等待股票趋势、政策和竞争情况稳定之后，再进行投资决策。比如在某公司发布年报宣布业绩暴增后，成交量放大，股价出现大幅上涨。投资者可以先观察成交量是否持续放大，等待股价回调到重要的支撑位再入场也不迟。

4. 分散投资，长线持有

市场是难以预测的，每个投资者都有犯错的时候，因此需要做好分散投资，让资金分散于多个领域和行业。并且，最好不要做短期投机，长期持有更有利于把握公司的增长潜力，有助于获得更好的回报。除此之外，长期持有还可以有效地削弱某种规模不断变化的波动。

5. 控制仓位，谨慎买进

成交量放大，不代表该股票可以随意买入。因为股票市场随时在变化，市场变异性强，意外事件随时可能再度发生。因此，在买入时应该控制仓位，谨慎进入，防止出现超过预期的风险。

总之，成交量放大可能预示着趋势的延续或逆转。当发现成交量放大时，应该根据具体情况进行分析，切勿盲目跟风。要综合考虑市场情况，分析局部走势和总体趋势之间的联系，对成交量放大的原因和信号有一定的理解，从而制定相应的投资策略。同时，风险管理也十分重要，应该设定好止损位，分散投资，并严格执行交易计划，这样，才能最终从成交量放大的市场机遇中获取好的投资回报。

第六章
投资成功者的秘密

第一节 "炒股不亏"的基本要诀

而今,参与股票投资的人越来越多,对于经验不足的投资者来说,股票投资无疑是一件充满风险和不确定性的事情。炒股的风险虽大,但掌握了一些基本的股票投资策略和技巧后,许多投资者也在股市中赚到了实实在在的利润。这就说明了这样一个事实:长期来看,在股市中能否赚钱,关键在于投资者是否懂得并且遵守了"炒股不亏"的基本要诀。那么,股票投资具体都有哪些基本要诀呢?

一、坚定长期投资观念

巴菲特说:"如果你不打算持有一只股票10年,那你就不要考虑去持有它10分钟。"

投资不是一朝一夕的事,而是一个长期的过程,投资者要有足够的耐心和长远的眼光,不要被短期市场波动所干扰,要着眼于长期的投资收益,追求价值增长。

通过网络调查,我们发现那些成功的投资者通常拥有长期投资观念,他们不会受短期市场波动的影响,而是专注于长期的投资收益。他们知道股市的波动是不可避免的,但他们相信,持有优质股票并长期持有会带来回报。他们并不试图通过短期的买卖来快速获取利润,而是持有股票并耐心等待公司业绩增长与股价上涨。

例如，投资者 A 在某个公司的股票上投资了 100 元，并打算长期持有。在第一年，该公司的业绩表现平平，股价没有太大变动。然而，投资者 A 并不慌张，因为他通过深入的基本面分析后，发现这是一个优质的公司，其产品在同行业里具有明显的竞争力，他相信这笔投资会在未来的几年里给自己带来可观的回报。随着时间的推移，这个公司的业绩开始提升，股价开始上涨。5 年后，投资者 A 在该股票上收获了 2 倍的利润。这个例子说明了长期投资观念的重要性，当然，长期投资成功的前提是，必须买入优质公司的股票，做优质公司的朋友。

二、合理分散投资

"华尔街教父"格雷厄姆曾说："分散投资是保护投资者免受单一股票风险的重要原则。"

在股市中，那些长久赚钱的投资者往往非常重视风险管理。他们知道如何平衡风险和回报，并确保不把所有鸡蛋放在同一个篮子里。他们懂得把资金在不同类型的股票和不同行业的股票之间划分，通过分散投资来降低总体风险。

如果投资者将全部资金投入某一个行业中，那么一旦该行业出现问题，投资者就会面临经济风险。因此，应该根据各行业的基本面情况，制定出有前途的多行业股票组合，这样就能较好地平衡整个投资组合的风险和收益。

例如，投资者 B 打算投资股市，但她知道股市存在波动和风险。因此，她决定采取分散投资的策略，将资金分配到不同的行业和资产类别中。她投资了一些稳定增长的大型公司股票，如中国移动、中国神华等，还投资了一些具有良好成长前景的稳定行业，如科技、医疗保健等。此外，她还用一部分资金投资指数基金和可转债。通过这种严谨的风险控制策略，投资者 B 最终在不同市场情况下保持了相对稳定的投资回报。

三、深入研究和分析

正如彼得·林奇所说："不进行研究的投资，就像打扑克从不看牌一样，必然失败！"

在股票投资的过程中，投资者需要对市场环境和股票公司的基本面做出必要的分析和评估。在股市中，只有对公司的基本面有深入的了解，才能够做出明智的投资决策。成功的投资者通常会进行深入的研究和分析，了解自己感兴趣的公司和行业。他们熟悉自己所买入公司的基本面、财务状况、竞争优势和管理团队，并借助各种工具和指标进行分析。他们依赖数据和事实，而不是盲目听信传言或"市场噪声"。但需要注意的是，这些分析方法并没有绝对的正确性，还需要根据自己的心理素质和股市经验，更加理性地来进行分析和评估。

例如，投资者C对科技行业很感兴趣，并深入研究了几个科技巨头公司，包括海康威视、紫光国微和恒生电子。他仔细分析了这些公司的产品和服务，了解了它们的市场份额、竞争对手，以及未来的增长潜力。他还关注这些公司的财务报表，分析营收增长、毛利率、利润等指标，并将其与同行业公司进行比较。他了解这些公司的竞争优势，并相信它们在未来会继续保持领先地位。基于这些研究结果，投资者C决定买入这些科技巨头公司的股票，并一直持有至今，收益颇丰。

四、严格遵守投资计划

投资是一件需要规划和执行的事情。在投资之前，投资者需要分析和评估市场形势，结合个人的投资目标、风险承受能力等，制订具体而实际的投资计划。并且，在制订好投资计划后，要坚持执行。同时，对投资计划进行调整时，需量力而行，避免因过度自信和贪心，而带来更大的亏损。

例如，投资者D在投资计划中设定了具体的投资目标和时间框架。他设定了每年的投资额度，并制定了详细的买入和卖出策略。在市场波动较大时，投资者D并不盲目跟风或恐慌出售股票，而是照常执行自己的投资计划。他相信他的投资决策基于充分的研究和分析，并相信这些投资会在长时间内实现预期的回报。

五、持续学习和成长

查理·芒格说："如果你持续学习，你就能获得巨大的成功。"

股市瞬息万变，持续学习和积累经验是提高投资水平的关键。那些真正赚钱的投资者，会持续学习并不断提升自己的投资能力。他们会阅读财经书籍、学习投资课程、关注专家观点，并与其他投资者进行交流和分享。他们通过研究市场趋势、了解新的投资策略和掌握新的技能来不断扩展自己的知识，这样可以大大帮助他们更好地理解市场规律，获得投资成功。

例如，投资者 E 一直想要了解如何利用技术分析来做出更好的投资决策。他开始阅读相关的书籍，学习在线教程，了解不同的技术指标和图表模式。随后，他学习了一门专业的投资课程，学习如何运用技术分析工具来预测股价走势。通过不断学习和实践，投资者 E 逐渐掌握了技术分析的技巧，并开始运用这些工具来辅助自己的投资决策。

除此之外，成功的投资者还应该懂得：

（1）关注市场资讯和宏观经济数据。他们知道及时关注市场资讯和宏观经济数据是做好投资的基础。了解国内外经济形势、政策变化等因素，有助于对市场走势进行正确判断。例如，无论是同花顺 PC 版客户端还是手机 App，都提供了"资讯"功能，投资者可以随时通过该功能了解最新最全的新闻资讯，把握市场走势和行情机会，如图 6-1 所示。

（2）控制交易频率和成本。众所周知，频繁的买卖会增加交易成本和风险，投资者应该谨慎选择交易时机，避免过度交易，同时还要关注交易成本，选择低成本的交易方式。

图 6-1 同花顺 App 的"资讯"页面

A 股市场波动性很大，短期内出现亏损的现象是非常正常的，但如果能坚守以上要诀，投资者可以在股票投资中长期稳赚不赔。然而，需要强调的是，股市的不确定性和波动性使得股票投资始终存在风险，投资者需要有足够的风险认知和心理准备。同时，投资者还应该不断学习和提升自己的知识水平，不断优化和调整投资策略，以应对市场的变化。

第二节　成功的投资要与人性做斗争

在股市中有这样一句话："成功的投资都是反人性的。"这是被广大股民一致认可的股市哲理。其意思是：一个思维"正常"的人，炒股很难赚到钱，炒股需要逆向思维，当所有人都说炒股赚钱的时候，往往你就赚不到钱了。

为什么说"成功的投资都是反人性的"呢？这是因为投资不仅涉及分析经济趋势和公司基本面等理性方面，更重要的是还涉及投资者的情绪和行为偏差。

首先，人性倾向于追求安全和稳定。在投资领域，这意味着人们更倾向于保守的投资方式，如存款、债券等风险较低的投资方式。然而，炒股却是一种风险很高的投资方式，因为股票的价格波动是不可预测的，投资者可能面临巨大的损失。因此，对于寻求稳定和安全的人来说，炒股是一种"反人性"的行为。

其次，人性倾向于避免损失。美国心理学家丹尼尔·卡尼曼研究发现，人们对损失的敏感程度比对盈利的敏感程度更高，这一现象被称为损失厌恶。在股票投资的过程中，投资者时时刻刻面临投资风险，出现亏损的情况也在所难免。因此，人们通常会不自觉地采取保守的投资策略，以避免面对损失。这种损失厌恶的心理导致投资者在炒股过程中会做出保守的决策，而可能错失一些潜在的盈利机会。

此外，在股票投资的过程中，投资者需要控制自己的情绪和冲动。面对股市波动时的各种情绪和冲动心理往往会导致投资者做出非常不理性的决策，如恐惧时出售股票、贪婪时追涨杀跌等，因此，炒股是一项对投资者的心理素质和情绪控制能力有较高要求的投资方式。图 6-2 所示为不同市场阶段投资者的心理变化。

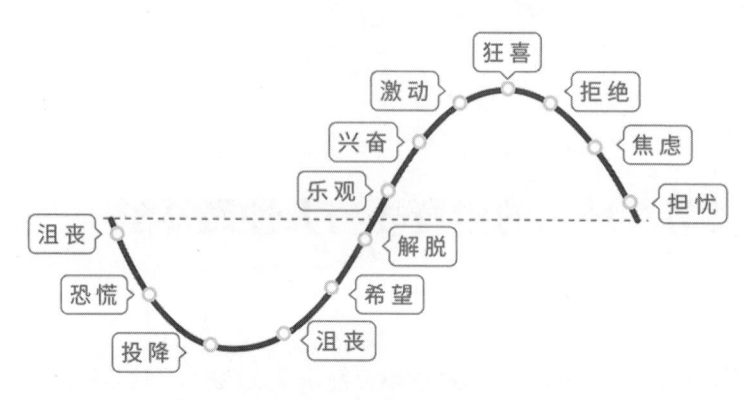

图 6-2　不同市场阶段投资者的心理变化

投资者还需要具备一定的专业知识和技能，这样才能避免主观因素的影响。股市是一个复杂的金融市场，投资者需要具备对公司基本面、财务报表及宏观经济等领域有深入的了解和基本的分析能力。然而，大多数投资者缺乏这些专业知识和技能，导致他们往往凭直觉或听信他人的建议进行投资决策，从而面临极高的风险。

最后，在股市中，投资者常常会陷入过度自信的陷阱。当他们在市场中取得一段时间的成功时，他们往往会过度自信，在投资决策上变得冲动和不谨慎。这种过度自信会使他们高估自己的能力和知识水平，从而导致错误的投资决策。

成功的投资者往往懂得逆向思考、理性分析、放平心态、遵循纪律，并很有耐心。但对于初入股市的投资者来说，这些人性的弱点有可能对投资者的决策产生致命的影响，从而导致投资者本金的损失和收益的下降。因此，与人性做斗争，克服人性的弱点，是投资者在股市中获得成功的重要前提之一。

那么，在股市中，具体该如何来与人性做斗争，需要战胜哪些人性的弱点呢？

一、克服贪婪的冲动

贪婪是人性中最普遍的弱点之一，尤其在投资领域更加明显。投资者往往会有追求高回报的欲望，而忽略了投资的风险和潜在的损失。尤其是看到市场中有大量连续涨停的股票时，投资者会克制不住贪婪和欲望，迫切想要抓住大发横财的机会；而在低价格股票出现之时，投资者也容易陷入自己能够"买到低位卖到高位"的非理性状态中。因此，要想在股票市场的投资中实现长期盈利，首先要克服的就是贪婪的冲动。

为了克服贪婪的冲动，投资者应该明智地对待自己的投资行为。首先，投资者需要明确自己的投资目标并制订合适的投资计划。其次，投资者需要在每次交易之前，仔细考虑预期的风险和潜在收益，确保自己不会贪婪地购买被高估的股票。最后，投资者需要避免短期决策，并长期保持投资的耐心。

二、避免情绪化决策

人的情绪是复杂而多变的，而情绪化的决策是投资中最常见的错误之一。在股价波动异常剧烈时，普通投资者通常处于不安的状态下，并在焦虑、慌乱和疑惑中做出决策，造成高买低抛，从而导致损失或错失收益。

一个典型的例子是在 2008 年金融危机期间，很多投资者因恐慌而卖出股票，结果错失了随后的股价反弹和回升。相反，那些能够保持冷静并坚持投资策略的投资者，在危机过后获得了巨大的回报。

为了避免情绪化决策，投资者需要建立风险意识和情绪管理能力。要记住，投资中出现波动和亏损是正常的，而不是灾难性的。投资者应该根据自己的投资计划和理性研究做出决策，而不是被情绪所驱使。设定止损位和合理的风险控制策略也是避免情绪化决策的有效方法。

三、克服亏损厌恶心理

亏损厌恶是指投资者相比于盈利的快感，更在意亏损的焦虑感。由于亏损厌恶，投资者可能会过度保守，不敢承担风险，或者过度自信，不愿承认错误。这样的心理往往会导致投资决策的偏差，可能会错失盈利机会或者加大亏损。

要克服亏损厌恶的心理惯性，投资者首先需要正视亏损的存在，并认识到亏损是投资过程中不可避免的一部分。其次，投资者可以设置明确的止损位来保护自己的资金。通过止损位的设置，投资者可以在投资亏损超过一定幅度时主动退出市场，避免进一步的亏损。最后，投资者应保持理性和冷静，不要让情绪主导投资决策，而是坚持自己的投资策略和原则。

四、克服跟风和从众心理

人类是社会性动物，很容易受到他人行为和市场舆论的影响。而在股市投资中，盲目跟风和从众心理是一个很大的陷阱。当大多数人都在追逐某只股票或一次热门的投资机会时，投资者往往会因为错失利润而感到焦虑，进而决定跟进。然而，这种盲目追随往往会导致投资泡沫和损失。

本杰明·格雷厄姆说："即便是聪明的投资者，也可能需要坚强的意志才能置身于'羊群'之外。"要克服从众心理，投资者首先需要保持独立思考和独立判断的能力，依据自己的分析判断进行操作，而不是盲目跟从他人的行为。其次，投资者可以关注专家观点和市场分析，但不应完全依赖于他人的建议。最重要的是，投资者需要建立自己的投资原则和策略，并坚持执行。

五、克服追逐快速回报心理

人类往往倾向于短期思维，并希望能够迅速获取回报。在股市投资中，这种短期思维和追逐快速回报的欲望是非常危险的。投资者往往会被短期的市场波动和盈利快感所左右，从而忽视了长期投资的价值和潜力。正如巴菲特所说："拥有一只股票，期待它明天早晨就上涨是十分愚蠢的。"

一个很好的例子，就是长期持有贵州茅台股票的投资者的成功。在过去的十年中，贵州茅台公司的股价经历了很多次波动，但只有那些能够坚定持有股票，并把眼光放长远的投资者，才获得了巨大的回报。相反，那些追逐短期涨幅和快速回报的投资者很可能错失了这个机会。

要想克服短期思维和追逐快速回报的弱点，投资者应该建立长期投资的观念，并制订明确的投资计划。投资者应该关注公司的基本面和发展前景，而不是只盯着短期股价的波动。同时，投资者还应该保持耐心，不被短期市场波动所左右。

总而言之，成功的投资是"反人性"的，克服人性的弱点是成功投资的关键之一。作为投资者，必须充分认识到自身的弱点，并采取相应的措施来克服它们。只有通过与人性做斗争，并控制自己的行为偏差，才能在股市中取得最终的成功。

第三节　心态的修炼至关重要

股市是一个充满机遇和风险的领域，成功的投资者不仅要战胜人性，还要在长期的投资过程中持续保持良好的心态。什么是良好的心态？就是时刻能保持客观、理性、专注、耐心，坦然面对失败并不断提升自己。所以，股市中流行这样一句话："好心态是投资成功的因，也是投资成功的果。"它揭示了这样一个真相：只有拥有好心态，才能在市场中长久生存，投资其实是一次次心态的修炼。

一、心态在股票投资中的作用

在股市中，除技术分析和基本面分析外，投资者的心态也是影响投资成败的关键因素。

1. 心态和投资技术是相互促进的

在股市中，对于每一个股民来说，无论技术多好、运气多好，也有判断失误、遭遇挫折的时候。因为，股市对每个人来说，时刻都有新的挑战。所以，保持良好的心态，是纵横股市的关键之一。心态良好，可以使人进行客观的分析、判断，把自己的技术水平正常发挥出来。技术好、操作顺利也是增强信心的必要条件。如果操作不好，挫折感、悲观、自责等负面情绪和心态也会影响下一次操作。

另外，心态好坏是会影响到技术学习的。没有好的心态，根本就学不到高超的技术。有谁见过心态不行却技术高超、获得长久成功的投资者呢？一次、两次靠运气的成功只会加快一个心态差的人的彻底失败。投资技术的学习需要好的心态，投资技术的发挥同样需要好的心态。

2. 心态会影响投资者的行为、决策和投资结果

首先，心态会影响投资者的即时决策和投资行为、投资结果。不同心态的投资者在面对市场波动时，会有不一样的反应：有的人心态好，能保持客观、理性，严格按照自己的投资计划和交易系统沉着应对；有的人心态差，无法克服人性中的弱点，受到恐慌、贪婪或骄傲、虚荣等心理情绪的影响，将投资策略和计划完全抛于脑后。而不一样的反应，必然会导致不一样的结果。

其次，心态对投资的长期结果有很大的影响。股票投资是一个长期的过程，短期的波动不能代表股票价值的真实变化。正确的投资心态应该是具有坚强的耐心，不让短期的一些波动和震荡影响投资决策，专注于自己的投资目标，以长远利益为导向，耐心地等待时间的考验。

最后，心态还会影响投资者对待失败的态度。在股市中，不断出现失败是常态。然而，投资者的成功与否取决于如何对待这些失败。良好的心态可以驱使投资者不断尝试提升自己的技能和知识，反之则会导致他们放弃尝试，这会影响股票投资的长期结果。

二、股票投资成功所必备的几种心态

投资的过程就是锻炼性格、修炼心态的过程。当投资者的心态变得理性、沉稳、专注时，才更有把握做出正确的决策，无论股市行情怎么波动，他们都不会因为心态不好而做出错误的决定。在股票投资的操作中，以下三种心态是一个成功的投资者所必需的。

1. 稳健决策的心态

稳健决策是炒股成功的基石。在炒股过程中，情绪化的决策常常导致投资者

盲目行动，带来损失。相反，稳健决策的心态可以帮助投资者冷静、客观地分析市场走势，避免因情绪波动而做出错误决策。

稳健决策主要表现在三个方面：首先，保持冷静、理性。投资者在面对市场波动和挫折时，应保持冷静，不要受到市场情绪的左右，要凭借自己的独立判断和理性思考来做出投资决策。其次，坚持原则，面对市场中出现的短期波动或者其他逆境，投资者也要坚守自己的投资原则和策略，不被市场利差引诱。最后，控制风险。投资者应该明确自己的风险承受能力，设置止损点，做好风险控制的准备。

2. 量力而行的心态

量力而行的心态是炒股成功的前提，所谓量力而行，换句话说就是坚守巴菲特所谓的"能力圈"。炒股市场充满竞争和不确定性，投资者需要根据自身条件和实力，选择适合自己的投资方式和目标。

量力而行主要表现在三个方面：首先要充分了解自己的投资能力和风险承受能力，选择适合自己的投资形式和对象，不要盲目冒进，要让自己的投资处于安全的环境中。其次要选择适合自己的投资策略和方法，有些投资者适合短线操作，有些投资者适合中长期投资，投资者要根据自身情况和目标来制定相应的投资策略。最后是要适时调整自己的投资策略，市场是变化的，投资者要敏锐地捕捉到市场的变化，灵活调整自己的投资策略。

3. 长期思维的心态

长期思维的心态是炒股成功的法宝。炒股往往是一个长期的过程，过度追求短期利润是投资者容易犯的错误之一，而长期思维能够帮助投资者更好地抵御市场波动，稳定获利。

长期思维的心态也主要表现在三个方面：首先，追求稳定回报，而非一时的暴利——长期持有股票能够帮助投资者获得更稳定的回报，避免频繁交易和高风险操作。其次，拒绝赌博心理，投资不是赌博，要以理性的态度对待市场，不要被短期的波动所迷惑。最后是懂得积累经验、不断学习，从失败中吸取教训，逐渐提升自己的投资水平，要记住：投资是一生的修行。

稳健决策、量力而行、长期思维，虽然只是三种心态，但其内涵却极其丰富，包含了投资大师们强调的诸多投资原则，如理性、长期持有、控制风险、自律、持续学习，等等。因此，要想拥有这些良好的投资心态，还需要慢慢修炼、终身培养。

三、良好投资心态的培养和保持

虽然很多投资者知道良好的投资心态在投资实践中非常重要，也知道怎样的心态是成功所必需的，但是面对股市的波动和不确定性，要想培养和保持良好心态，也是一件说起来容易做起来难的事情。下面提炼了一些培养和保持良好投资心态的切实方法，希望大家能够行动起来，须知知易行难，只有坚持下去，才能获得长久的成功。

1. 理解投资规律，认识你自己

孙子说，"知己知彼，百战不殆"，这句话用在股市中也是行得通的。一方面，投资者要理解市场的运行规律，知道市场涨跌的原理，理解投资的游戏规则；另一方面，投资者更要充分了解自己的性格特点，知道自己的认知范围、投资偏好和风险承受能力等。只有在以上两方面都获得了充分的认知，既理解了市场，又认识了自己的能力圈，做到了知己知彼，进入股市的游戏场时才能更有底气，进而保持好的心态。

2. 树立正确的投资理念

前文说过，有没有正确的投资理念，是决定投资能否获得成功的关键之一，实际上，良好的投资心态，也需要正确的投资理念的支撑。投资者树立了正确的投资理念之后，可以避免盲目跟风，培养长期投资观念，学会风险管理，增强自我控制能力，提高投资技能，而这些因素都有助于投资者在投资过程中保持稳定而良好的心态。

3. 与市场保持距离

过度关注市场会导致情绪波动，而过于冷漠又容易忽略市场的重要信息。投资者应该适度关注市场动态，保持对市场的认知，但也要保持一定的距离，避免情绪的过度波动。

4. 与他人交流和分享

与其他投资者或老手交流和分享体会，听取他们的经验和建议，能够帮助投资者更好地应对市场波动和挑战。

总之，炒股就是炒心态，保持良好的心态，是在股海中制胜的不二法门。在股票投资中，必须进行心态的修炼，这并非易事，需要长时间的持续学习和经验的积累。

第四节　1万小时定律，谁都逃不掉

所谓"1万小时定律"，指的是一个人只有在某个领域投入1万小时的时间和努力，才能成为真正的专家。此定律最早由心理学家安德斯·埃里克森在其所著的畅销书《异类》中提出。他的研究表明，无论是音乐家、运动员还是科学家，要成为顶级的专家级人物，都需要投入至少1万小时的练习时间。对于股市投资者而言，道理也是一样的。

可以这样说：在股市投资中，没有任何捷径可以代替时间和经验的积累。本书不断地、花了大量篇幅反复强调学习的重要性，这是因为，投资者只有通过不断实践和学习，才能成为优秀的投资者。1万小时定律揭示了这样一个道理：只有通过长期的学习与实践，股票投资者才能真正掌握好的投资技巧，养成好的决策能力，从而在股市中获得成功。

一、持续学习的意义

那么，投资者为什么一定要持续地学习呢？持续学习是股票投资成功的关键！

（1）持续学习才能把握投资机会。股票市场中的投资机会不断涌现，而只有持续学习才能及时把握这些机会。学习可以帮助投资者更好地分辨哪些股票有潜力，哪些行业正在兴起，以及哪些公司具有竞争优势。通过学习，投资者可以更加敏锐地发现投资机会，并及时采取行动。

（2）持续学习能帮助投资者更理性地做出投资决策。股票市场中充满了不确定性和波动性，这往往会影响投资者的决策，只有持续研究市场和投资知识，了解市场变化的趋势，才能更深入地理解市场的运动规律，同时能提高自己的投资技能和判断力，让自己成为更加理性的投资者。当投资者不断去学习并努力去思考时，才能越来越无惧挑战，坦然面对市场中所发生的一切并保持客观理性。事实上，持续学习并保持理性是诸多投资大师共同的投资原则和理念。

（3）持续学习能帮助投资者开拓思维。学习不仅可以丰富投资知识，还可以开拓思维。这里不得不提查理·芒格的格栅理论。格栅理论的基本要点是，一个人可以广泛涉猎各学科、各领域的基础知识和思维模型，并将不同的思维模型进行融会贯通，就像把它们放在一个格栅里面，从而可以从多个视角和维度来分析和看待世界。芒格曾说："要努力学习，掌握更多股票市场、金融学、经济学的知识，但同时要学会不要将这些知识孤立起来，而要把它们看成包含了心理学、工程学、数学、物理学的人类知识宝库的一部分。用这样宽广的视角就会发现，任意两个学科之间都相互交叉，并因此各自得以加强。"投资者通过持续而广泛的学习，不仅可以掌握不同的学科知识和思维模式，还能够拓宽视野，提高对投资的思考深度和广度，从而更好地做出明智的投资决策。

（4）持续学习可以弥补知识盲点。股票投资涉及多个领域的知识，包括财务分析、行业分析、宏观经济分析、技术分析，等等。持续学习可以帮助投资者消除知识盲点，提高综合分析的能力。例如，学习财务分析可以让投资者更加准确地评估一个公司的财务状况和盈利能力，从而更好地选择投资标的。

总之，由于投资市场充满了不确定性和风险，只有通过持续充分的学习和实践，才能真正理解市场规律，以及公司财务报表、经济指标等重要信息，进而提高自己的判断能力，做出正确的投资决策。

二、持续学习什么

按照巴菲特和芒格的观点,"学习投资很简单,只要愿意读书就行了""所有的成功人士,没有一个不爱读书的"。他们都曾建议年轻人广泛地阅读,保持学习的习惯。但对于投资新手或想要努力在股市中赚钱的普通投资者来说,时间精力有限且宝贵,在目的明确(投资赚钱)的情况下,具体应该持续地学习哪些内容呢?

(1)投资和股票的基础知识。首先需要了解投资和股票的基本知识。这包括投资的基本知识和理念、股票市场的组成和运作方式,以及股票投资交易的基本流程和操作。其次,需要了解风险管理和资产配置原则。了解风险管理的基本原则对于保护投资资金和实现长期收益是至关重要的,而学习如何适当地配置资产,即在不同的投资资产类别之间分配资金,将有助于降低投资风险并实现更好的回报。

(2)公司业务和财务分析。巴菲特每年都会大量阅读与上市公司业务和财务相关的书籍和资料,并从中审慎地筛选投资对象。事实上,对上市公司的业务模式进行观察和学习,以及进行财务分析是评估一个公司的经营状况、财务状况和投资价值的关键。学习如何理解公司的业务模型和财务报表(如资产负债表、利润表和现金流量表)能够帮助了解一个公司的经营能力、盈利能力、负债水平和现金流状况等重要指标。此外,学习如何计算和解释一些常见的财务指标,如市盈率、净资产收益率等,可以做出更明智的投资决策。

(3)行业分析。了解不同行业的特点和发展趋势对于选择合适的投资标的非常重要。学习如何进行行业分析,包括了解行业的市场规模、增长率、竞争格局和前景等方面的信息,有助于筛选出具备潜力和竞争优势的股票。

(4)宏观经济分析。宏观经济因素对于股票市场的波动有重要影响。学习如何进行宏观经济分析,包括了解经济指标(如国内生产总值、消费者物价指数等)和政策变化对股市的影响,可以更好地把握市场趋势和做出相应的投资决策。

（5）技术分析。技术分析是通过股票的价格和成交量等技术指标来预测和分析股票走势的方法。学习常用的技术指标（如移动平均线、相对强弱指标等），以及图表分析方法（如趋势线和支撑阻力位的判断），可以更好地把握买入和卖出时机。

（6）成功的投资经验。了解成功的投资者是如何在股票市场中获得成功也是非常重要的。学习其他投资者的经验可以避免常见的投资错误，一般来说，可以通过阅读投资图书、关注那些成功投资者的专栏或其在社交媒体上的分享，以及关注投资论坛来获取这方面的信息。不过需要注意的是，其他投资者的经验只能作为一种参考，理性的投资者需要有独立的思考能力和适合自己并且能够坚持的投资计划和策略，同时，也需要谨防网络上的小道消息和荐股中介的陷阱。

三、如何持续学习

投资新手学习以上这些内容，将能打下坚实的投资基础，并在股票市场中取得成功。那么，应该如何来学习以上内容呢？

（1）阅读专业图书和报告。图书是最好的学习工具，芒格说："我和巴菲特从一些非常优秀的财经图书和杂志中学习到的东西比其他渠道要多得多。"而在投资领域有大量的经典著作和专业报告可供学习。投资者可以选择一些经典的投资图书，学习其中的理论和案例分析，如《证券分析》《聪明的投资者》《投资中最重要的事》等。此外，还可以关注证券公司、研究机构和媒体发布的专业报告，了解最新的市场和行业研究成果。

（2）参加投资培训和研讨会。投资培训和研讨会是投资者获取知识和经验的重要途径。市场中有许多机构和平台提供股票投资培训，投资者可以选择适合自己的、正规的培训课程，学习投资理论和实践经验。此外，还可以参加一些投资研讨会，与其他投资者和专家交流。

（3）联系投资专家和顾问。投资者可以联系一些投资专家和顾问，咨询他们的意见和建议。专家和顾问可以根据自己的投资目标和需求，提供个性化的投资指导，帮助投资者提升投资效果。比如同花顺投顾平台，聚集了众多券商机构和财经 MCN 机构的投顾专家、投资领域的达人与"大 V"，投资者可根据自己需求联系投资专家，寻求专业建议。

（4）关注财经资讯，了解市场信息和行业动态。财经资讯是了解市场和公司的重要渠道。投资者可以通过财经资讯，了解国家最新的经济政策和相关行业的发展动态，把握市场的趋势和机会。此外，还可以关注财经媒体和专栏作家的观点和分析，获取各种行业和公司的信息和评论。表 6-1 所示为国内财经资讯媒体/平台清单（部分）。

表 6-1 国内财经资讯媒体/平台清单（部分）

分 类	媒体/平台
专业财经媒体	《21 世纪经济报道》、《财经》/财经网、财新网、第一财经、界面新闻、《经济观察报》、《经济日报》、《每日经济新闻》、央视财经、中新经纬、36 氪、财联社、创业邦、虎嗅、华商韬略、《华夏时报》、蓝鲸财经、《新财富》、《证券时报》/券商中国、《中国经营报》、《理财周刊》、《商界》、《上海证券报》、投资界、《证券日报》、《中国基金报》、《中国经济周刊》、《中国企业家》、《中国证券报》、《中欧商业评论》、华尔街见闻
财经资讯平台	新浪财经、凤凰网财经、搜狐财经、腾讯财经、网易财经、同花顺财经、Wind 资讯、东方财富网、格隆汇、和讯网、金融界、雪球、中金在线
综合媒体财经板块	Vista 看天下、观察者网、《环球时报》、环球网、澎湃新闻、《人民日报》、新华社、《新京报》、《中国青年报》等媒体/平台的财经板块

股票投资是一个需要持续学习的过程，只有不断学习和提高，才能更好地理解市场和做出明智的投资决策。投资者可以通过多渠道来学习并掌握股票投资的基本知识、分析方法和风险管理技巧等。需要注意的是，股票市场是一个不断变化的复杂的市场，因此，学习只是投资旅程的一部分，实践和经验也同样重要。

第五节　懂得逆向思考，不断提升独立判断的能力

数十年来，巴菲特曾不止一次告诫他的追随者们：股票投资的第一大原则是保持独立思考和内心的平静；要想成为优秀的投资者并不需要高智商，只需要拥有不轻易从众的能力；"别人贪婪时我恐惧，别人恐惧时我贪婪"。

"股神"短短的几句忠告，却道出了股票投资的一个真相：懂得逆向思考，不断提升独立判断的能力，是一个人在股市中获得成功的至关重要的因素。

一、逆向思考与独立思考的意义

什么是逆向思考？所谓的逆向思考，意味着不跟随市场中千篇一律的思维方式，而是基于不同的假设，考虑市场中可能发生的事情。逆向思考是一种非常重要的思维方式，适用于许多情况，特别是在股票市场中有着极为重要的意义。

所谓具备独立判断力，顾名思义，就是投资者需要懂得根据自己的投资经验和相关数据做出自己独立的决策，而不是跟随别人的买卖来做选择。这同样对于投资成功有着重要的意义。

1. 判断市场走势

在按照传统方式分析市场走势时，人们往往专注于寻找涨势持续的标志。然而，在股市中，不但涨势可以带来收益，而且有时候跌势更具潜力。这种情况下，

逆向思考就变得至关重要。

逆向思考的过程包括想象可能的逆转和市场变动，这样投资者可以避免做出错误的决策。例如，投资者怀疑整个市场在某个特定时间段内的走势，传统的选择是放弃投资，或者有所保守地进行投资。但是，通过逆向思考，可能会有另一种选择，比如根据公司的业绩、市场趋势、近期的政策及其他因素，判断某只股票的价格在市场下跌时有更大的上涨潜力，那么，投资者就可以选择在这个时候进行投资，而不是等待后续更稳定的机会。

2. 避免跟风思维

很多人都会因为媒体和朋友的影响而做出投资决策，但是，这种做法非常危险，因为市场走势是非常难以预测的。遵循主流思维最终可能会导致亏损。举个例子，许多人在2007年的时候盲目追随热门的新股中国石油，以40多元的价格买入，由于在这个时候其市值已经处于顶峰，最终导致了无数投资人的严重亏损。而优秀的投资者们则在这个时候选择了逆向思考的方式，他们看到中国石油的股票已进入泡沫期，预计股价会下降，因此他们选择了在此时卖出中国石油的股票，而不是买入。

3. 避免羊群效应

在股票市场中，很容易出现所谓的羊群效应。股市中的羊群效应是指投资者受其他人决策的影响，盲目跟随他人的行为模式。这种现象常常导致市场中的投资者同时采取相似的投资决策，进而产生连锁反应，推动股价上涨或下跌。然而，盲目的羊群效应可能导致市场出现过度买入或过度卖出的情况，使股票的价格不符合其真实的价值，并引发市场的波动。不过，如果对自己的判断力有足够的信心，避免羊群效应就变得容易。比如，当某一只股票开始大涨大跌时，大部分人的反应是跟着一起买卖，但是，如果投资者独立思考，综合考虑到股票的性质、公司的业绩、市场竞争对手的策略等因素，其决策可能更成功。

4. 发现最佳机会

在股票市场中,投资者需要学会寻找最佳机会,特别是在股价下跌的情况下。如果投资者依赖于他人的选择,那么他们将始终处于盲目的位置。了解市场趋势和股票行业的变化,可以以较低的价格买入一些有价值的股票。比如,2020年初随着新型冠状病毒的扩散,全球各大股市大幅下挫,许多股票价格显著下跌。然而,一些投资者在对公司的财务状况、所处行业以及市场潜力等因素进行分析后,最终发现了一些值得投资的股票,比如疫情受益股(如口罩、疫苗类股票),结果他们获得了非常不错的回报。

可见,逆向思考和独立判断是在股票市场中取得成功的两个重要因素,这两个因素都需要投资者耐心地学习和实践。当市场充满不确定性时,如果投资者拥有逆向思考的思维方式和独立判断的能力,就更有可能发现投资机会、获得投资收益。

二、提升逆向思考和独立判断的能力

投资新手应该如何去学会逆向思考,不断提升独立判断的能力呢?

1. 寻找反面观点和数据

逆向思考意味着以相反的角度来审视问题和情况,因此,投资者需要主动寻找反面观点和数据来打破自己先入为主的观点。这可以通过研究市场数据、行业报告和不同机构的分析报告来达到。

2. 分析市场异常波动和行为

市场异常波动和行为通常是非常规情况下的产物,如果投资者能够独立分析这些情况,将有助于他们做出更明智的投资决策。在这种情况下,投资者需要考虑市场的整体情况,分析相应变化对市场整体的影响,理解其中的原因和机遇。

3. 学习与模仿专业分析师

投资新手可以向专业分析师学习，模仿他们的分析方法，可以从专业机构的研究报告、专家评估、行业新闻、股市公告等渠道获取分析思路和方法，并针对自己的观点进行验证和评估。

4. 对市场和股票进行独立分析

投资新手可以通过分析市场和股票的走势逐步提升独立判断能力。在分析股票时，应该学会问自己：这只股票是好公司的股票吗？这只股票有哪些风险和潜力？这个价格合理吗？

5. 建立自己的投资理念和方法

投资新手应该有自己的投资理念和方法，这样才能更好地理解和分析市场。可以通过阅读经典投资著作、参加研讨会议、观看投资科普视频等方式，学习其他投资者的方法和思路，并结合自己的经验和偏好进行调整和优化。

总之，在股市中，逆向思考和独立判断的能力是走向成功的关键，它们能帮助投资者在市场中寻找机会、避免风险。只有不断提升这些能力，才能在股市的波涛中保持冷静和理性，获得稳定的收益。

第六节　大师们是如何做股票投资的

对于普通投资者来说，股票投资可能是一个充满挑战和不确定性的领域，因此，我们在前面不断介绍一些较为公认的"投资秘诀"，尤其强调克服人性的弱点、投资心态的修炼、独立思考和持续学习的重要性，希望大家能够在股票市场中获得更长久的胜利。

除此之外，在股票投资的历史上，诞生了很多传奇大师，他们都在股市中取得了令人瞩目的成就。这些大师的投资理念和方法，经过广泛的传播和实践之后，也成为公认的成功投资要诀，值得投资者尤其是投资新手反复学习。

需要注意的是，不同的投资大师拥有不同的投资理念和投资策略，但都取得了成功，这也说明世界上没有唯一正确的"投资秘诀"，只有适合自己的投资方法。

接下来，我们就看看这些闻名世界的投资大师的"投资秘诀"都是什么。

一、沃伦·巴菲特：长期价值投资

巴菲特被誉为最伟大的投资者之一，他独特的投资哲学和精准的眼光使他在股票投资领域取得了巨大成功。"股神"的投资理念和投资方法是什么呢？我们总结了巴菲特最重要的三条投资理念，供大家学习、参考。

1. 价值投资

作为"价值投资之父"格雷厄姆的得意门生，巴菲特继承了格雷厄姆的投资理念，其核心投资原则就是价值投资，即寻找被低估的优质股票。他相信股票市场会出现错误定价，而他的目标是找到那些被低估的股票并长期持有。他强调公司的内在价值和长期盈利能力，而不仅仅关注股价的波动。他经常关注公司的经济指标、财务状况及现金流，以确定公司的真实价值并评估其投资潜力。

2. 长期思维

巴菲特以长期投资为主要策略。他不追求短期的快速获利，而是选择优质的公司，相信它们的内在价值会随着时间的推移逐渐显现。他对持股时间的观点是"我们喜欢能够坚持10年或更长时间的投资"。巴菲特强调了对投资决策的深思熟虑和避免过度交易，并认为最成功的投资者是那些能够抵制情绪波动并以长期稳定的眼光来做决策的人。

3. 能力圈原则

能力圈原则是价值投资者应坚守的重要原则，即投资者应该投资自己熟悉和理解的领域。巴菲特认为，要想取得成功，需要深入了解相关行业的商业模式和公司的竞争优势、管理团队，"投资人需要的是对选定的公司进行正确评估的能力"。同时，巴菲特更倾向于将资金投向那些盈利能力强、运营稳定且拥有竞争优势的公司，且他会持续关注这些公司的长期发展趋势、行业地位及管理团队的能力，以确保所选择的公司有持续的竞争力。

总之，巴菲特通过价值投资和长期思维的策略，不断寻找被低估的优质股票，并根据能力圈原则选择那些具备竞争优势的公司进行投资。他以其独特的投资哲学和精准的眼光成了股票投资界的传奇人物。

二、乔治·索罗斯：研究市场动态

索罗斯是世界著名的投资家和慈善家，他以其在投资领域的独到眼光和成功的交易而闻名于世。索罗斯的核心投资理论是"反身理论"，该理论认为投资者与市场之间存在一种互相影响的关系，市场走势会影响投资者的预期和行为，反过来，投资者又会影响市场的走势。因此，他认为要深入研究并理解市场，以洞察市场的真实趋势。他所创立的量子基金，正是在该理念的指导下，取得了诸多辉煌战绩，还曾以平均每年35%的综合增长率令华尔街同行望尘莫及。我们总结了索罗斯的几条投资理念或方法，供大家学习、参考和借鉴。

1. 不确定性原理和反身理论

索罗斯在《超越金融》一书中总结了他运用于金融市场的两个基本原则：第一，市场价格总是扭曲其背后的基本面，这就是不确定性原理；第二，金融市场不会单纯消极地反映内在现实，它也能影响其应该反映的基本面，这就是反身理论。索罗斯认为，市场是由人类的信念和行为所驱动的，而不仅仅是由客观的基本面驱动的，市场情绪和投资者的互动可以导致市场价格的非理性波动。因此，他通过不断观察和分析市场情绪，寻找投资机会并做出决策。

2. 投机和价值投资相结合

索罗斯认为，市场中的价格是由投机行为和基本面因素共同驱动的，投资者应该充分利用这一点。他通过深入研究和分析公司的基本面，发现股票走势良好的公司，并在合适的时机进行买入和卖出操作，从而获得投机和价值投资结合的收益。

3. 理性判断

索罗斯强调投资决策的理性和客观性。他认为投资者应该摒弃个人情感和主观偏见，以客观的数据和事实为基础做出决策。他关注宏观经济状况、政策变化及市场供求关系等因素，以推测股价的走势。

4. 逆向思考

索罗斯有一句经典名言："投资应选择两种目标：一是最好的公司，二是最差的公司。"他非常善于利于逆向思考，从行业和政策的角度去挖掘投资机会。他认为，一些行业中最差的公司，负债率高，经营不善，股价通常比较低，一旦业绩出现好转，会吸引市场资金的参与，其投资者容易获取超额收益。利用这种思维方式，索罗斯曾在银行业和武器装备行业中都获取了超额的收益。

总之，索罗斯通过不确定性原理和反身理论、理性判断和逆向思考来进行股票投资。他善于利用市场情绪波动和行业政策等因素，通过短线交易和长线持股来获取投资回报。他的几次轰动世界的成功案例也充分展示了他独特的交易策略和卓越的判断力。

三、彼得·林奇：成长型投资

彼得·林奇是一位传奇的基金经理和股票分析师，在他任职于麦哲伦基金的13年里，该基金的年平均回报率达到了29%，这是令人瞩目的成绩。林奇的投资理念是，投资者应该将注意力集中在上市公司本身，而非股价的短期波动上，他主张投资者只投资那些卓越且被市场低估的公司的股票，认为这是唯一的成功之道。下面我们总结了林奇关于股票投资的一些基本原则和方法，供大家学习、借鉴。

1. 成长投资

林奇认为，投资者应该专注于那些能够持续增长的公司，这些公司具有强大的盈利能力和良好的前景。他相信，寻找并投资这些成长型公司是获得长期投资回报的关键。

2. 投资机会无处不在

林奇认为，投资机会无处不在，就在我们的周围。他鼓励投资者仔细观察自己身边的生活和工作环境，寻找那些未被发现或被低估的投资机会。他相信，普通投资者有能力发现好的投资机会，只要他们愿意花时间和精力去研究。事实上，在林奇担任基金经理的 13 年中，他买卖过超过 15 000 只股票，其中很多股票买了不止一次。这种广泛的投资活动使他赢得了"不管什么股票都喜欢"的称号。

3. 重视亲身经历

林奇鼓励投资者根据自己的亲身经历和生活中的观察来投资。他相信，投资者可以通过观察自己使用的产品、接触的服务及喜欢的品牌来发现最佳的投资机会。他的投资策略就是根据普通人的直觉来寻找投资机会。

4. 多元化投资

林奇强调投资组合的多元化。他认为投资者应该持有多只股票，以分散风险和获得更好的回报。他鼓励投资者选择不同行业、不同规模和不同风险的股票来构建自己的投资组合。

总之，彼得·林奇通过寻找成长型公司，结合亲身经历和对行业的了解来进行股票投资。他强调长期投资和多元化投资，鼓励投资者利用自己的直觉和观察来发现投资机会。

四、詹姆斯·西蒙斯：量化交易

近年来，量化交易备受关注，而其中有一位被誉为量化交易大师的人物——詹姆斯·西蒙斯。他是一位卓越的数学家和统计学家，却成了华尔街的传奇人物，其在量化交易领域的成就令人瞩目，被认为是该领域的真正大师。我们总结了西蒙斯的交易方法，供大家学习、参考。

1. 将数学应用到投资领域

西蒙斯将数学尤其是统计学应用到投资领域，通过分析大量的市场数据和历史数据，寻找隐藏在其中的规律和模式。他利用复杂的数学模型和算法来进行交易决策，以此来获得超越市场平均水平的回报率。

2. 自动化的交易系统

西蒙斯的交易策略非常独特，他不依赖主观的判断和猜测，而是依靠自动化的交易系统来执行交易。他将自己的交易策略写成算法，并利用计算机程序进行交易决策和执行。这种自动化交易系统能够实时监测市场情况，做出及时的买卖决策，从而快速响应市场变化。他的交易策略更注重长期投资，以稳定和可持续的回报为目标。

总之，西蒙斯通过运用数学尤其是统计学原理，创造了一套系统化的量化交易方法，并且就此改写了华尔街的游戏规则。他依靠大数据分析、自动化交易系统及长期投资策略，实现了稳定和可持续的投资回报。他的股票投资方式，不仅可以为投资者提供灵感和启示，也对传统投资理念提出了新的挑战。

无论是巴菲特的长期价值投资、索罗斯的市场洞察、林奇的成长型投资，还是西蒙斯的量化交易，虽然方法和理念各不相同，却都取得了巨大的成功，可见，成功的投资理念和方法是因人而异的。投资新手应该多向他们学习，从他们的成功经验中汲取灵感，进一步来完善、发展自己的投资策略，从而让自己在股市中取得更好的投资回报。

第七节　学会做时间的朋友

在价值投资理论中，有一种非常重要的理念，那就是学会做时间的朋友，收获"时间的玫瑰"。股票市场是一个波动剧烈的市场，充满了波动和不确定性，短期的市场变化很难预测，即使是最成功的投资者也会经历暂时的失利。因此，对于投资新手来说，学会做时间的朋友是非常重要的。

所谓沉淀策略，是指投资者将他们的资金长期留置于股票市场中，寻求单只股票或投资组合在一段时间内的增值。这个策略也常被称为"增值策略"，其目的是保持投资计划的长期性，而不是通过快速交易来获得高回报。

在使用沉淀策略的过程中，投资者可以拥有更多的知识，获得更开阔的眼界，并更好地了解投资对象的变化。同时，沉淀策略还能够培养投资者的耐心和毅力，使其能够更好地抵抗市场波动和短期利益的诱惑。沉淀策略还可以更好地抵御市场波动和价值波动风险，从而实现更长期、更健康的收益。

具体来说，沉淀策略可以帮助投资者解决以下经常面临的问题。

1. 降低交易频率

股票市场波动不断，很多刚进入股市的投资者没有领教过市场的威力，一门心思想利用股票市场的波动来获取短期收益，快速实现财富增长。但是，这种做法会提高交易频率，使得投资过程充满未知和不确定性。实行沉淀策略，意味着降低交易频率，降低风险，让投资更加稳健。

2. 消除心理波动

股票市场的波动和刺激也会引起投资者的心理波动和情绪起伏。如果投资者总是追随市场的波动，他们就会失去投资的方向，进行无效的交易。而坚持沉淀策略的投资者，能够平静地观察市场和股票的走势，进而消除心理波动，避免产生冲动和盲目交易，从而取得更好的投资收益。

3. 增强风险控制能力

在股票投资中有显著的风险和不确定性。沉淀策略非常有助于提高投资新手的风险控制能力，在此过程中，投资新手还可以通过持续不断的研究和学习，掌握必要的投资知识和技能，增强自己的投资能力和信心。

那么，对于投资新手来说，具体该怎么做，才能收获"时间的玫瑰"呢？

1. 养成长期投资习惯，建立长期投资规划

首先，投资新手应该养成长期投资的习惯。这是因为在股票市场中，短期收益并不稳定，而长期投资则有着稳定的回报率，投资新手应该尽量以长期投资为主要策略，从而防止日常波动对投资收益产生太大的影响，少交一些"学费"，同时也避免了不必要的交易费用和税费。此外，投资新手需要设定投资目标，并根据自己的风险承受能力来制定长期投资策略。

2. 学习基本知识，深入研究企业

我们在前面已经反复强调了学习投资知识和研究企业的重要性了，对于一名想要持续在股票市场获得长久收益的投资新手来说，这些是在投资前就应该具备的，在此不再赘述。

3. 选择优质企业，建立多元化投资组合

在股票市场中，企业的质量是决定投资收益的主要因素之一。选择优质企业，是一种具有长期投资价值的决策。因此，投资者需要找到那些有良好商业模式、管理团队和成长潜力的企业进行投资。此外，建立一个多元化的投资组合对于投资新手非常重要。多元化投资意味着将资金分散投向不同的资产类别，例如股票、债券、房地产等。这样可以降低整体投资风险，并增加回报机会。记住，不要把所有鸡蛋放在同一个篮子里。

4. 坚定信仰，避免情绪干扰

在股票投资中，坚定信仰也是十分重要的一个方面。投资者需要坚信自己所投资的企业，避免错误的市场判断，同时要保持乐观和平静，在面对市场中的波动和媒体的负面报道时，也要保持冷静并坚定信心，不要受到市场情绪的干扰。

5. 追踪市场动态，寻求专业帮助

持续关注市场动态是投资者不可或缺的一部分功课。投资新手应该时刻跟踪股票市场的最新消息和企业的财务报表。通过对市场的及时了解，可以更好地做出投资决策，并及时调整投资组合。投资新手可以寻求专业的投资顾问或使用投资工具来辅助决策，专业的投资顾问可以提供有关市场趋势和潜在投资机会的建议，而投资工具则可以帮助分析和评估投资组合的风险和回报。

总之，投资新手要想成功，需要学会做时间的朋友，多方位、多角度去学习与实践，然后在投资旅程中逐渐成长。

投资新手要了解股票市场和股票波动的规律，依靠技术分析和基本面分析方法进行投资，选择好的投资标的，坚定自己的投资信念，相信自己的决策，并耐心等待长期投资的回报。同时，一定要注意合理分散风险，避免集中投资带来的风险，从而实现更为长期、稳定的收益。

第七章
股票投资实操入门

第一节　股票投资的第一步：开户

通过学习前面几章的内容，大家应该已经基本了解了股票投资知识的方方面面，包括股票投资的原理、价值、风险、理念、方法、策略、心理、诀窍，等等。通过对这些内容的学习，相信大家已经有了关于股票投资的系统化、立体化的认知了。但"纸上得来终觉浅"，只有通过实际操作，才能真正认识到股票投资的真谛。这一章，我们将手把手教大家如何进行股票投资的实际操作。

要想进入股市进行投资交易，首先需要拥有一个股票账户。

何为股票账户？股票账户又称证券账户，根据官方的定义，它是证券登记结算机构（中国证券登记结算有限责任公司，简称"中国结算"）为投资者设立的，用于准确记载投资者所持的证券种类、名称、数量及相应权益和变动情况的账册，是认定股东身份的重要凭证，具有证明股东身份的法律效力，同时也是投资者进行证券交易的先决条件。

简而言之，股票账户是专门用于交易证券的身份账户，不仅进行股票交易需要拥有账户，进行基金、债券及其他一些金融衍生工具的交易也需要开通账户才能操作。

在中国，股票账户分为人民币普通股票账户和人民币特种股票账户，又称 A 股账户和 B 股账户。如果只进行 A 股市场的股票交易，则只需要拥有 A 股账户即可。

作为投资新手，如何进行账户的申请，开通 A 股账户呢？下面简单介绍一下。

一、券商的选择与股票交易费用

由于中国的证券交易所（上海证券交易所、深圳证券交易所和北京证券交易所）都采用会员制，不接受普通投资者交易，只接受会员的委托买卖申请，因此普通投资者不能直接到证券交易所进行交易。普通投资者申请 A 股账户和进行股票交易，都需要通过证券公司（也就是券商）来实现。

根据证监会（中国证券监督管理委员会）发布的证券公司名录，截至 2024 年 1 月，中国共有 146 个证券公司。那么，如何选择开户券商呢？一般来说，选择券商主要看以下几点。

1. 看实力

对于投资新手来说，选择一个资金实力强大、品牌信誉好、服务质量高的大券商公司开立账户，是很有必要的。当然，当前各家券商都很重视服务质量、品牌信誉，但相对而言，资金实力更强的券商，在资金账户的安全性、交易渠道的通畅性、交易软件的稳定性和便捷性，以及投资研究和投资顾问服务水平等方面更有保障。

2. 看业务范围

前面说过，开通 A 股账户后可以进行股票、基金、债券等投资交易，但随着投资者实力的增强、投资经验的丰富及投资兴趣的增大，必然会想要尝试更丰富、更多元、更具挑战性的投资工具，比如港股、美股、两融（融资融券）、专项理财等产品或业务工具。但由于不是所有的证券公司都有资格开展这些业务，因此投资者需要看自己的实际投资需求，选择业务范围适合自己的券商。当然，现在的政策支持"一人多户"，即一个人可以在多个证券公司开立股票账户——每人名下最多可以开立 3 个 A 股账户，因此假如有其他业务需求，投资者也可以找到有资格开展业务的券商新开立账户。

3. 看佣金

我们先介绍一下股票交易相关费用的情况，这也是投资者较为关心的问题。在 A 股进行股票交易操作，投资者主要面临三种费用（见表 7-1）。

印花税：成交金额的 0.5‰（根据 2023 年 8 月 27 日财政部、税务总局印发的《关于减半征收证券交易印花税的公告》），仅在卖出时被收取。

券商佣金：不同券商收取的佣金费率不同，通常佣金费率是成交金额的 0.15‰~0.3‰，双向收取（在买入和卖出时都被收取），单笔不足 5 元的按 5 元收取。

过户费：目前是按成交金额的 0.01‰双向收取。这个数字经常变动，而且原先仅上海证券交易所收取，自 2015 年 8 月份开始沪深两市都要收取。

表 7-1　A 股股票交易费用明细

名　称	费　率	收　取　者
印花税	成交金额的 0.5‰（仅卖出时被收取）	税务机关
券商佣金	成交金额的 0.15‰~0.3‰（双向收取），单笔不足 5 元的按 5 元收取	券商公司
过户费	成交金额的 0.01‰（双向收取）	中国结算（证券交易所清算时代扣）

可以看出，三种费用中，印花税和过户费都是交给官方机构的，且费率统一制定，只有券商佣金有议价空间。别看佣金的费率不高，但是积少成多，不同佣金费率所带来的交易成本差异最终是非常明显的。举个例子：假如三位投资者（A、B、C）的资金量都是 10 万元，他们每月都交易 5 次（按照全部资金量进行交易），一人一年的交易次数总计为 60 次，其佣金费率分别为 0.15‰、0.2‰、0.3‰，那么所产生的交易成本情况如表 7-2 所示。

表 7-2　不同佣金费率下的交易成本

投资者	本金/元	年交易次数	年成交金额/元	佣金费率	年交易成本/元
A	10 万	100 次	600 万	0.15‰	900
B	10 万	60 次	600 万	0.2‰	1200
C	10 万	60 次	600 万	0.3‰	1800

随着资金量和交易次数的增加，不同佣金费率所造成的交易成本差异将变得愈发明显。

在选择券商时，也需要考虑券商给出的佣金费率优惠。市面上各大券商的佣金费率几乎都在 0.25‰ 左右，但是，目前券商之间竞争非常激烈，经常会打价格战，推出优惠活动来吸引新用户开户，这时所能给出的佣金费率就很有吸引力了，比如能达到 0.15‰，投资者可以适时关注。另外，投资者也可以尝试与线上券商客户经理沟通，争取到低佣金的名额。不过，也要谨防一些券商从业人员打着低佣金或超低佣金的旗号，骗投资者开户后以各种理由偷偷调高佣金的行为。

通过看实力、关注业务范围、对比佣金费率，基本可以确定开立股票账户的证券商了，接下来就可以正式进入开户的流程了。

二、股票账户的开户条件和流程

A 股账户对于开户人的限制条件不多，主要有以下几条：

（1）年满 18 周岁，以身份证上的出生日期为准。如果年龄在 16 和 18 周岁之间，能提供收入证明的，在部分营业部也可以办理。

（2）必须是境内人士方可开户。

（3）在一个证券公司只能开立一个账户，最多可以开立三个不同证券公司的账户。

如果是在 2010 年之前，想要开通 A 股股票账户，投资者需要携带着相关证件到证券公司营业部进行线下申请和开通流程。随着科技的发展和移动互联网的普及，现在网上开户非常简单，只需要准备好手机、身份证、银行储蓄卡，找一个安静、网速通畅的环境，就可以快速完成股票账户开户流程。

下面，我们以用同花顺开立股票账户为例，为大家简要展示网上开户的流程。

首先需要先下载同花顺 App 并登录，找到"交易"菜单，点击进入开户大厅，或使用"问财"小助手，输入"开户"，可直达开户大厅，如图 7-1 所示。

在开户大厅选择券商后，点击相关券商的"开户"按钮，即可跳转至第三方服务页面，这时就能看到开户页面，如图 7-2 所示。

图 7-1　同花顺 App 的开户大厅　　　　图 7-2　开户页面

在完成手机号注册之后，接下来的流程主要包括上传证件照片、完善个人信息、进行投资风险测评、开立账户和签署协议、设置交易密码、绑定银行卡、根据实际情况填写回访问卷、进行视频见证等步骤，最后提交申请。具体流程如

图 7-3 所示。

```
手机号注册 → 上传身份证照片
                    ↓
风险测评 ← 资料完善
    ↓
开立账户和签署协议 → 设置密码
                        ↓
问卷回访 ← 三方存管
    ↓
视频见证 → 提交申请
```

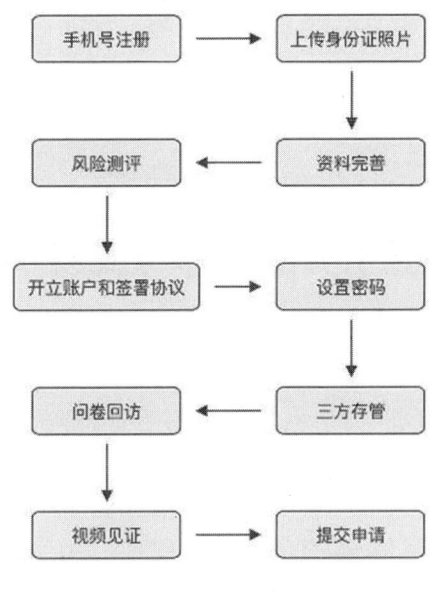

图 7-3　开户申请流程图

在提交申请后，一般 1 个交易日左右可以收到审核通过的短信，通知开户完成。在完成开户之后，投资者若想要尽快使用账户进行股票投资，则可以打开同花顺 App，进入交易页面，再找到对应券商进行登录，进行银证转账，即将银行卡内的资金转移到股票资金账户中，然后就可以进行股票投资操作了。需要注意的是，如果股票账户是 T 日（交易日）开立的，那么 T 日当天可交易深市股票，T+1 日开始才可交易沪市股票。

需要注意的是，新手虽然开通了股票账户，有了交易 A 股股票的资格，但是可交易的股票却有限制，比如新手账户无法立即购买创业板、科创板、北交所的股票，而需要达到一定条件、申请开通相关业务权限后才能操作。

对于投资新手来说，完成了股票账户的开立，是迈入股市的第一步，相当于有了在股市中将前面所学到的知识和技巧运用于实战的通行证。然而还是那句话——"股市有风险，入市须谨慎"，想要在股市中长久地"生存"下去，还需要多看、多学、多实战，充分掌握股市的规律和积累股票投资的实战经验。

第二节　炒股工具的选择与交易实操

俗话说，"工欲善其事，必先利其器"，对于股票投资来说也是如此，拥有一个功能强大且操作"友好"的工具，会让股票投资变得事半功倍。

那么，投资新手应该如何选择炒股工具，市面上有哪些选择，投资新手又该如何开始进行股票交易呢？下面具体分析一下。

一、新手如何选择炒股工具

今天，几乎已经没有人会去营业厅通过柜台委托进行股票交易或通过电话委托进行股票交易了，网上炒股已经成为绝对主流，几乎所有的投资者都在使用电脑和手机进行盯盘和炒股。那么，选择一款专业且优秀的炒股软件，对于投资者来说十分必要。

目前，市面上较为知名的第三方股票交易软件主要有同花顺、大智慧、东方财富等，当然，随着移动互联网的普及，券商也各自推出了自家的App炒股软件。对投资新手来说，一款优秀的交易软件应该满足以下条件。

1. 数据全面，资讯及时，行情分析专业

对股票投资来说，数据的全面性和资讯的及时性是非常重要的，它们可以帮助投资者快速捕捉机会，而对于投资新手来说，准确的行情展示和行情分析，也

更容易让他们快速理解股市动态，积累股票投资经验。在这方面，同花顺作为国内领先的互联网金融信息服务提供商，拥有海量的数据和强大的技术研发团队，能够为用户提供全面、高效、准确、便利的金融服务，并被誉为金融领域的"技术流代表"。

2. 业务全面广泛，合作对象众多

券商自有的 App，一般来说只适合自家用户使用，相对于第三方股票交易软件来说，局限较大。而第三方股票交易软件因为与众多券商合作，对于那些拥有多个股票账户的投资者来说，大大便利了在不同账户间的切换操作。同时，由于第三方股票交易软件支持更多的券商，因此在业务范围上更加全面。以同花顺来说，截至 2024 年 3 月，共支持 86 家券商，是国内支持券商数最多的第三方股票交易软件，也因此，其下载量、用户数和用户活跃度在股票软件领域中都是遥遥领先的。大家可以参考表 7-3、表 7-4 中的数据，综合筛选适合自己的交易软件。

表 7-3　App Store 近 30 日第三方股票交易软件下载量（2024.2.1—2024.3.1）

App	App Store 近 30 日下载量/人次
同花顺	8990
大智慧	1246
东方财富	4754

数据来源：七麦

表 7-4　第三方证券服务应用活跃人数排行（2023.10）

App	月活跃人数/万人
同花顺	3017.03
东方财富	1524.75
大智慧	925.72
腾讯自选股	307.25
雪球	306.84
牛股王	282.4
通达信	191.31
股票灯塔	163.02
指南针股票	140.83

续表

App	月活跃人数/万人
益盟操盘手	72.87

数据来源：易观千帆

3. 功能便捷，使用门槛低

目前市面上大大小小的股票软件，在基础功能上大同小异，也都具有各自的特色功能，因此，投资者如果用惯了某款软件，那么对他来说这款软件就是最适合的。也有很多投资者可能会同时使用多个软件，比如很多超短线投资者都会使用同花顺 App 来盯盘、分析行情，用券商 App 进行交易操作。

如果股票软件功能使用起来"友好"、便捷及门槛低，那么投资新手在股票投资生涯的初期，就能大大降低时间成本。而不同的股票交易软件，也会针对新老用户推出自己的特色功能。因此，投资新手在选择股票交易软件时，建议先操作一下，多方体验，找到最友好、最便捷，也最适合自己的炒股工具。

比如，近年来同花顺积极探索 AI 技术，投入大量研究经费和专业技术人员，开发了"问财"智能选股平台，通过 AI 技术为股民提供智能选股、量化投资、技术分析、快速选股等服务。而对于投资新手来说，股票投资中最大的难题之一，就是不知道如何选股。2024 年，原本就受广大投资者喜爱的投顾对话机器人——"问财小助手"，基于同花顺自研大模型 HithinkGPT 进行了升级，成为中国金融领域首个应用大模型技术的智能投顾产品，让用户可以通过自然语言的方式获得智能选股结果，解决了投资新手不知道如何筛选股票的难题。

例如，打开同花顺手机 App，点击"问财小助手"的标志进入"问财"页面，输入"成长股"，就能获得相关的选股结果，如图 7-4 所示。如果投资者具有一定投资知识和投资经验，知道的指标维度和股票特征越多，其搜索得到的结果就越准确，可以实现多维度全市场扫描选股和条件组合选股。

图 7-4 同花顺 App 的"问财"功能

不仅在选股上能对股民有所帮助，作为国内领先的人工智能投资助手，大模型版本的"问财"具有全面的实时金融数据、强大的语义理解能力、专业的投顾建议、生动的表达形式和可控的内容生成，也就是说，用户只要直接询问关于股票乃至金融领域的问题，"问财小助手"就会自动为用户筛选出所需要的信息，十分方便。

没有最好的，只有最合适的。对于股票投资工具来说也是如此。投资新手在选择股票投资工具时，除了从以上三个角度进行考虑外，也可以多多尝试，最终找到适合自己的股票投资利器。

二、股票交易实战操作：条件单的应用

选好了股票交易的工具之后，接下来就是实战了，也就是股票的买卖操作。

有人说，买卖股票很简单啊，选择想要交易的股票，输入价格和股数，确认买入或卖出，然后等待成交就行了。如果对交易行为反悔了，在成交之前还可以

撤销交易操作。

确实，在选好了股票、确定了买卖的价格和数量之后，只需要"一键"就能完成交易操作，整个过程不超过3秒。然而现实情况是，股价每一秒都在变化，前一秒刚在低点完成买入操作，下一秒股价就下探到了更低处。而且由于A股实行"T+1"的交易制度，即当日买进的股票，要到下一个交易日才能卖出，所以面对股价的持续下跌，还无法马上止损。对于短线投资者尤其是新手来说，没有比这个更扎心的了。甚至很多投资者会为了买在底部、降低持股成本，花费大量时间盯盘，频繁进行交易操作，结果却大败而归——这也是很多新手常会犯的错误。

有没有方法解决这个问题？当然有！最有效的方法就是使用条件单。

所谓条件单是一种智能交易服务，交易平台为投资者预设了股票交易的委托条件，当股票满足条件时，交易平台会自动进行交易，无须人工操作。条件单可以用于买入或卖出，其价格和数量均可以预先设置。条件单的主要作用是帮助投资者更加有效地进行交易，避免由于个人情绪等原因而做出错误的决策。通过条件单交易方式，还可以降低投资者在交易中的时间和精力成本，提高交易效率和交易体验。因此，条件单也被誉为"散户炒股的外挂"。

对于投资新手来说，使用条件单进行交易既可以避免因为缺乏经验而犯下追涨杀跌等投资新手常犯的错误，也有助于做好止盈止损的风险防控措施，以获得更为安全、稳定的收益。更重要的是，它可以让投资新手在入市初期就能建立信心，并养成良好的交易习惯。因此，学会并经常使用条件单很有必要。

由于各种股票交易软件工具的条件单功能大同小异，因此我们以同花顺App的"条件单"功能为例，为大家介绍条件单的具体应用。

打开同花顺App，进入"个股"页面，在手机右下角有一个"功能"按钮，点击后会跳出相关的全部功能，其中第一个就是条件单。点击后可进入条件单的设置页面，如图7-5所示。

图 7-5 同花顺 App 的"条件单"功能

可以看到，这里有不同种类的条件单，包括基础条件单、网格条件单、指标条件单、打板条件单等，看起来很复杂，但其实条件单的使用方式很简单。下面我们简要介绍几种条件单，帮助各位投资者迅速掌握使用技巧。

1. 股价条件单

这是投资者最常用的一个条件单功能，简单来说就是投资者对单只股票设置价格监控，系统自动盯盘，当股价达到预设价格时，系统会帮助投资者执行买卖交易，节省了投资者盯盘的时间。比如，投资者认为某只股票的股价即将迎来上升趋势，当股价突破 10 元/股的阻力位后将形成加速上涨的行情，那么他就可以设置一个买入的股价条件单：股价达到 10 元/股、委托方向为买入、委托数量为100 股（100 股=1 手，为最低买入股票数）。

2. 日涨跌幅条件单

日涨跌幅条件单与股价条件单在原理上类似，投资者预先设置买卖方向、股价涨跌方向和涨跌幅度，由系统自动监控。当股价涨跌幅符合预设条件时，系统自动按照投资者的设置发出委托、执行交易。比如，投资者持有的某只股票现价为 20 元/股，为防范可能出现的震荡风险，投资者设置了条件单：涨跌方向为跌幅、日跌幅达到 3%、委托方向为卖出、委托数量为 200 股，当股价跌幅达到 3% 时，系统就会自动发送交易委托。

3. 止盈止损条件单

我们在前文中多次提到止损的重要性，因此对于投资新手来说，止盈止损条件单应该是必须学会和经常使用的功能。具体来说，投资者可以针对持仓股基准价设置相应的止盈止损点，当股价波动达到所设置的条件时，系统会帮助用户进行卖出委托。比如，某投资者持有一只股票，为了防止出现超出预期的亏损，让收益落袋为安，他设置了止盈止损条件单：涨跌类型为按比例、基准价格为 30 元/股、盈利比例为 15%、回落比例为 5%后再次止盈（该条件会在盈利比例之后继续监控股价的高点，从股价最高点回落设定的比例后止盈卖出）、亏损比例为 10%、委托数量为 300 股（具体设置见图 7-6）。止盈止损条件单还可以按照价格进行设置，此处不再赘述。

4. 反弹买入和回落卖出条件单

对投资新手来说，炒股最难的就是抄底和逃顶，而这两个条件单功能恰恰能在一定程度上帮助投资者抓住底部机会或者实现高位逃顶。

反弹买入的设置条件是股价前期跌到一定价位，等待反弹到一定幅度时，自动触发买入委托，如图 7-7 所示。

图 7-6 同花顺 App 的"止盈止损条件单"功能

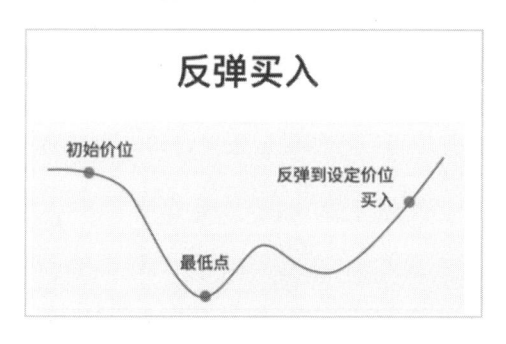

图 7-7 反弹买入条件单示意图

使用回落卖出条件单的常见场景是，投资者判断持仓股的股价达到预期价位后有回落的风险，为了锁定收益及时离场而设定了回落卖出条件单。比如，投资者持有的股票处于上升趋势，他判断价格在达到 40 元/股后有回落风险，但又担心错过股价继续上涨的盈利空间，因此设置了回落卖出条件单：股价达到 40 元/股、累计回落 2%、委托数量为全仓。当股价上涨到高于 40 元/股时，系统会监控股价情况，当股价从最高点累计回落 2% 时，系统会自动发出卖出委托，如图 7-8 所示。

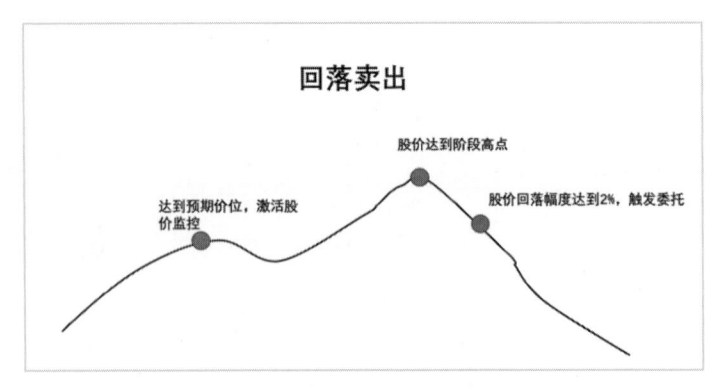

图 7-8 回落卖出条件单示意图

5. 网格条件单

网格交易是一种在震荡行情下高抛低吸的组合交易策略，具有回撤小、风险低的特点。把个股的价格波动区间放到一个设定好的网格内，同时把资金分成很多份，个股价格每下跌一格就买一份，每上涨一格就卖一份，这样就可以机械化地反复买卖，从而赚取差价，如图 7-9 所示（图中 B 是买入点标记，S 是卖出点标记）。网格交易条件单可以按照设定条件自动进行交易。

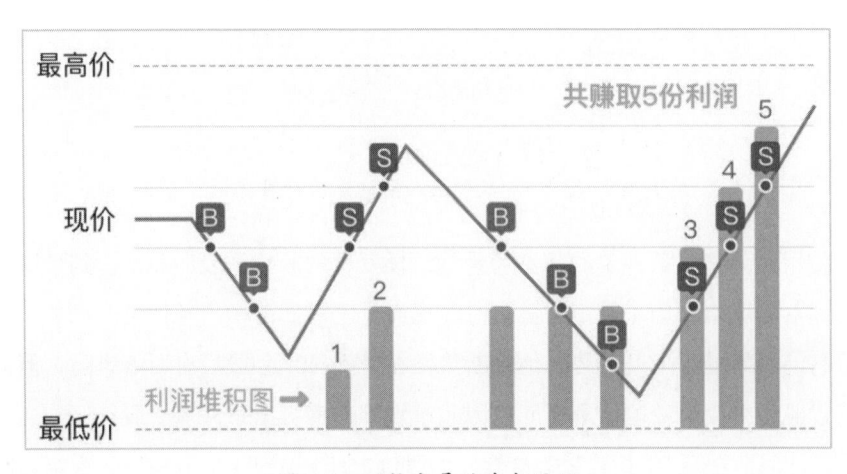

图 7-9 网格交易的基本原理

6. 指标条件单

指标条件单的主要指标是 MACD 形态条件和股价触碰均线条件，而这两个指标都是基于技术分析原理形成，用来预测股票趋势的工具，因此，在使用该功能之前，投资新手应充分了解相关知识和原理。

7. 打板条件单

所谓打板，是指在股票涨停时买入，目的是追求短期的利润，这是一种超短线的操作策略，风险较高，如果股票第二天高开，那么投资者有可能获得较高的回报，但如果股票短线回落，投资者可能会面临较大的损失。

同花顺 App 中的打板条件单包含了两种打板条件——涨停条件和开板条件。涨停条件是当交易时间段内监控的个股涨停时或涨停后有压单、封单的情况时，系统就会自动发送买卖委托单，第一时间跟进或撤退；开板条件则是监控的个股在涨停开板时或开板后出现回落时，触发条件单提醒，系统自动发送买卖委托单。这里所说的开板，是指股票从涨停或跌停状态变为可以正常交易的状况，这通常发生在有人以低于涨停板或高于跌停板的价格成交，从而打破了原有的涨停或跌停限制时。如前所述，打板是一种风险较高的超短线操作策略，因此建议新手谨慎使用。

以上是同花顺股票交易软件中所提供的条件单相关功能介绍，基本上涵盖了所有条件单种类，广大投资者尤其是投资新手可以活学活用。

三、实战经验的积累：模拟炒股

投资者在股票投资过程中遇到的最普遍、最常见的问题之一，就是在交易时无法消除心理因素的影响，在面对市场波动时往往会因为人性的弱点（如贪婪、恐惧）而做出错误的投资决策。

那么，如何克服人性的弱点呢？一方面是前面提到的心态的修炼，保持良好、健康的心态；另一方面，要建立科学的投资体系和适合自己的交易策略，并严格执行，进而将非理性因素的影响降到最低，这样才能获得更好的回报。

科学的、合适投资者自身的投资体系和交易策略，往往建立在大量的实战经验之上。只是对于处在新手阶段的投资者来说，在真实的股票市场上积累实战经验风险太高，甚至有时候还要交一大笔"学费"。那怎么办呢？模拟炒股系统可以较好地解决这个问题。

模拟炒股系统是一种利用互联网技术，根据股市实盘交易规则设计的仿真操作系统。目前国内很多券商或证券交易软件公司推出的模拟炒股系统，都做到了实时的行情数据跟踪和专业的仿真交易，可以让投资新手感受到股市的真实氛围。比如同花顺 App 模拟炒股系统，就与真实的炒股环境完全相同，如图 7-10 所示。

图 7-10　同花顺 App 的模拟炒股页面

由于模拟炒股没有真实资金亏损风险，无法让新手感受到真实投资操作时的压力，因而在心态上锻炼会有所欠缺。所以，在进行模拟炒股操作时，更应该从以下几个方面来锻炼自己、积累经验。

首先是多多熟悉股市交易规则、操作流程、交易工具，最好做到烂熟于心、理解透彻。对交易规则、操作流程、交易工具的熟悉和理解，有助于提升投资者的交易水平。

其次是多多尝试不同的投资策略和投资方法，并且一开始就认真对待，从而培养出良好的投资习惯，建立适合自己的投资体系和方法，并不断进行调整和优化。这也是克服人性弱点、消除心态影响的关键。

再次是多多尝试不同风险的股票品种或交易方法，了解不同情况下市场的反应和风险，进而锻炼自己选股以及识别与规避风险的能力。

最后是在模拟实战中将所学知识加以运用，并对理论知识进行验证，从而快速提升自己的股票投资水平和投资思维。

总而言之，模拟炒股对于新手来说是一种非常有效的锻炼股票投资能力、提升投资水平和培养科学投资策略的工具，希望广大投资者能多多使用、多加练习。

股票交易软件是当下股民进行网上股票投资必不可少的工具，一款好用的交易软件可以给投资者带来投资便利，帮助投资者更快速、准确地抓住投资机会，同时节省投资操作的精力与时间成本。

第三节　股市低风险赚钱方法操作指南

人们常说，股票是一种高风险、高收益的投资工具，其收益与风险通常是成正比的，一个正确的投资决策可能让你赚得盆满钵满，一个错误的投资决策也可能让你血本无归，因此对于投资新手来说，投资股票一定要慎之又慎。那么在证券市场中，有没有其他的途径可以低风险地获取收益呢？有的。前面提到的打新股就是其中的一种。除此以外，还有几种低风险盈利的投资工具，特别适合投资新手，下面我们介绍给大家。

一、高安全性的国债逆回购

所谓国债逆回购，本质上其实是一种短期贷款，投资者将账户中的可用资金通过债券回购市场拆借出去，获得固定的利息收益，而正回购方也就是借款人用自己的国债等资产作为抵押获得这笔借款，到期后还本付息。正是因为有了这种安全的资产作为抵押，国债逆回购就有了超高的安全性，风险极低。

国债逆回购的品种一般按照名义收益时间长短来划分，在沪深两市均各有 9 种期限的品种，分别是 1 天、2 天、3 天、4 天、7 天、14 天、28 天、91 天、182 天。

国债逆回购的交易起点为 1000 元，金额超过 1000 元时必须为 1000 元的整数倍，交易时间是每个交易日的 9:30—11:30、13:00—15:30。另外，购买国债回购品种还需要支付一定的手续费，具体交易费用见表 7-5。需要注意的是，回购交易手续费不足 0.1 元的按照 0.1 元收取。

因此，国债逆回购收益=本金×天数×收益/365−交易手续费。

表 7-5　国债回购品种分类和交易手续费

上海证券交易所国债回购品种		深圳证券交易所国债回购品种		交易所债券回购交易费率
证券代码	品种（天数）	证券代码	品种（天数）	交易手续费
204001	1 天	131810	1 天	十万分之一
204002	2 天	131811	2 天	十万分之二
204003	3 天	131800	3 天	十万分之三
204004	4 天	131809	4 天	十万分之四
204007	7 天	131801	7 天	十万分之五
204014	14 天	131802	14 天	万分之一
204028	28 天	131803	28 天	万分之二
204091	91 天	131805	91 天	万分之三
204182	182 天	131806	182 天	万分之三

前面说过，国债逆回购本质上是一种短期借款，因此其收益率总是正的，不过国债逆回购的收益率与股价一样都是随时变化的，投资者应该根据市场的波动情况进行分析后，再进行交易操作，以获得更高的收益率。

那么，有什么办法可以提高国债逆回购的收益率呢？下面介绍几个小技巧。

1. 关注特定时间点

国债逆回购的收益率跟市场资金面有关，资金面越紧张，收益率越高。一般来说，在月末、季末、半年末、年末等时间点，正回购方的资金需求会增加，此时国债逆回购的收益率通常会大幅上涨，远高于平时的收益率。比如从上交所一天期国债逆回购的历史收益率来看，每个季度末收益率都出现了大幅拉升，如图 7-11 所示。

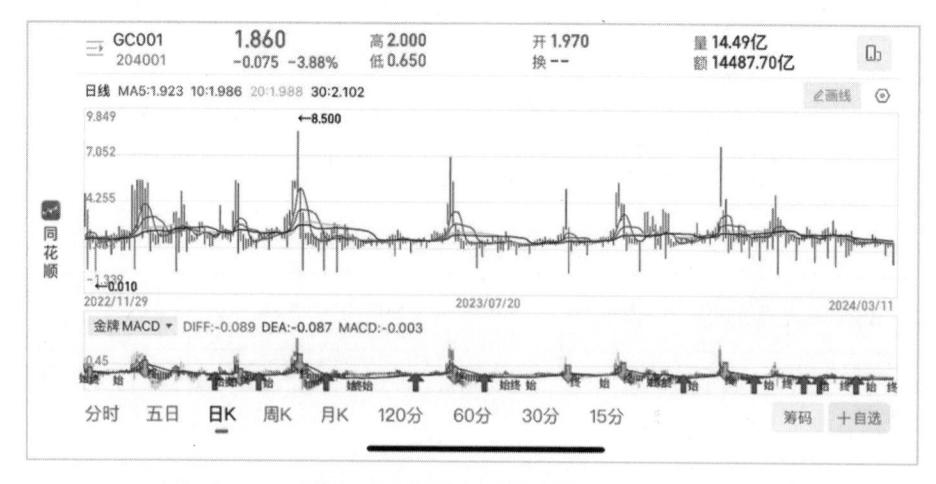

图 7-11　上交所一天期国债逆回购品种历史收益率日 K 图

2. 关注法定节假日和周末的购买时机

国债逆回购的利息是按资金占用天数（自然日）计算的。什么意思呢？假设 T 日买了 N 天期的品种，那首次清算日是 T 日，首次资金交收日为 T+1 日（若为非交易日，则往后顺延至交易日），到期清算日为 T+n 日（若为非交易日，则往后顺延至交易日），到期资金交收日为到期清算日+1 日（若为非交易日，则往后顺延至交易日）。实际计息天数为首次资金交收日（含）至到期资金交收日（不含）的天数（自然日）。

不太好理解？我们举个例子，假设在周四买了 1 天期的国债逆回购品种，那么首次资金交收日为周五，到期资金交收日由于周末的存在而顺延至了下周一，也就是说虽然名义天数为 1 天，但资金的占用天数有 3 天（周五、周六、周日），那么利息就按照 3 天来算。最关键的是，由于资金是周四借出的，只借 1 天，因此实际上周五这笔资金就已经返回，可以用来进行股票投资和基金购买了（即资金可用），但如果想将资金从证券账户通过银证转账取出来（即资金可取），需要等到下周一。

同样，在法定假日前也可以进行同样的操作，可用 1 天期国债逆回购来收获超过 1 天的利息。当然，不知道如何操作也没有关系，当前一些股票交易软件（如同花顺 App）会非常贴心地在法定假期开始之前提醒投资者最佳的国债购入时机，投资者只要多加关注即可。表 7-6 所示为部分国债逆回购品种的操作指南。

表 7-6　部分国债逆回购品种的操作指南

品种	操作日	资金可用日	资金可取日	计息天数
1 天期	周四	周五	下周一	3 天
2 天期	周三	周五	下周一	4 天
	周四	下周一	下周二	4 天
3 天期	周二	周五	下周一	5 天
	周三	下周一	下周二	5 天
	周四	下周一	下周二	4 天
4 天期	周一	周五	下周一	6 天
	周二	下周一	下周二	6 天
	周三	下周一	下周二	5 天

3. 善用闲置资金

由于市场中并不总是充满机会，因此对投资者来说，适当的空仓或半仓是常态，满仓的情况反而会少一些，那么账户中经常会有一部分资金处于闲置状态。这个时候投资者就可以将这些资金充分利用起来，通过国债逆回购获取短期利息收入。

另外，股市收盘时间为 15:00，国债逆回购结束时间为 15:30，因此对于股民来说，可在股市收盘后、国债逆回购结束前，即在 15:00—15:30 购买 1 天期的国债逆回购，这种操作既不影响资金的第二天使用，又可以得到一天的国债逆回购收益。

二、兼具债券和股票特性的投资工具：可转债

可转债全称为可转换公司债券，是一种持有人可按照发行时约定的价格将债券转换成公司普通股票的公司债券。简单来说，可转债就是一种可以转换为股票的债券，因此它兼具债券和股票的特性。

对于投资者来说，这意味着既可以持有债券并在到期后获取固定收益，也可以在市场条件有利时，选择将债券转换为股票，以享受资本增值或股息分配。而且根据《上市公司证券发行管理办法》的规定，上市公司发行可转债需要经过严格的审核和担保（见表7-7），这大大降低了可转债发行公司的违约风险，因此有人说可转债是一种"下有保底、上不封顶"的投资工具。

表7-7　上市公司发行可转债的硬性要求

项　目	《上市公司证券发行管理办法》中的相关规定
财务指标	（1）最近三个会计年度连续盈利。扣除非经常性损益后的净利润与扣除前的净利润相比，以低者作为计算依据。 （2）最近二十四个月内曾公开发行证券的，不存在发行当年营业利润比上年下降百分之五十以上的情形。 （3）最近三年以现金方式累计分配的利润不少于最近三年实现的年均可分配利润的百分之三十。 （4）最近三个会计年度实现的年均可分配利润不少于公司债券一年的利息。
规模限制	本次发行后累计公司债券余额不超过最近一期末净资产额的百分之四十
担保	公开发行可转换公司债券，应当提供担保，但最近一期末经审计的净资产不低于人民币十五亿元的公司除外。 提供担保的，应当为全额担保，担保范围包括债券的本金及利息、违约金、损害赔偿金和实现债权的费用

不过可转债并非毫无风险，尤其是可转债的价格与股票市场价格具有正向联动性，因此当股票市场价格下跌时，可转债价格也可能随之下降，而且可转债实行"T+0"交易，也就是在买入的当天可以卖出，且可转债交易不设置涨跌幅限制，因此也会吸引机构和个人进行炒作，交易价格波动非常大，有时候跌幅会超过正股（对应股票）的跌幅。

此外，可转债还有强制赎回风险，如果投资者在高价买入可转债后被上市公司以面值加利息的价格强制赎回，也会给投资者造成巨大损失。

那么，如何才能通过可转债获得低风险的利润呢？下面介绍几种常用的方法，这些方法对于投资新手来说尤其适用。

1. 可转债打新

对于投资新手来说，可转债打新是非常适合的投资方法。

首先，可转债投资的门槛低，投资者只要拥有股票账户并开通可转债权限，就可以进行顶格申购。可转债打新采用信用申购，与新股申购相比较，可转债打新对投资者没有持有市值和资金要求。

其次，可转债收益不错，好的可转债一般来说能有 20% 以上的收益。

再次，可转债风险低，和新股一样，可转债上市破发（可转债的面值为 100 元，价格低于 100 元即为破发）的概率很小，所以参与可转债打新只要能中签，大概率能赚钱。而且就算是新可转债上市之后破发了，也没多大关系，因为如果可转债处于长期破发的情况，发行公司就会被要求强制赎回（赎回价格为 101～103 元），投资者的收益可以获得足够的保障。另外，投资者也可以长期持有直至到期，获得稳定的债券利息收入。当然，如果持有期间价格上涨了，投资者也可以卖出获利。

最后，可转债打新的操作非常方便。一般来说，新股申购和新（可转）债申购是放在一起的，在同花顺 App 中（见图 7-12），只要有新债上市，在进入交易页面时系统就会自动跳出提醒，投资者可以一键申购，非常方便。

图 7-12　同花顺 App 的"新股/债申购"功能

2. 可转债套利

除了打新之外，可转债还有一些其他切实可用的低风险投资方法。下面我们结合同花顺 App "可转债"板块中的"套利机会"功能，来为大家介绍。

打开同花顺 App，在"行情"页面中点击"可转债"标签，即可看到"套利机会"按钮，点击后可以看到三种套利方式，如图 7-13 所示。

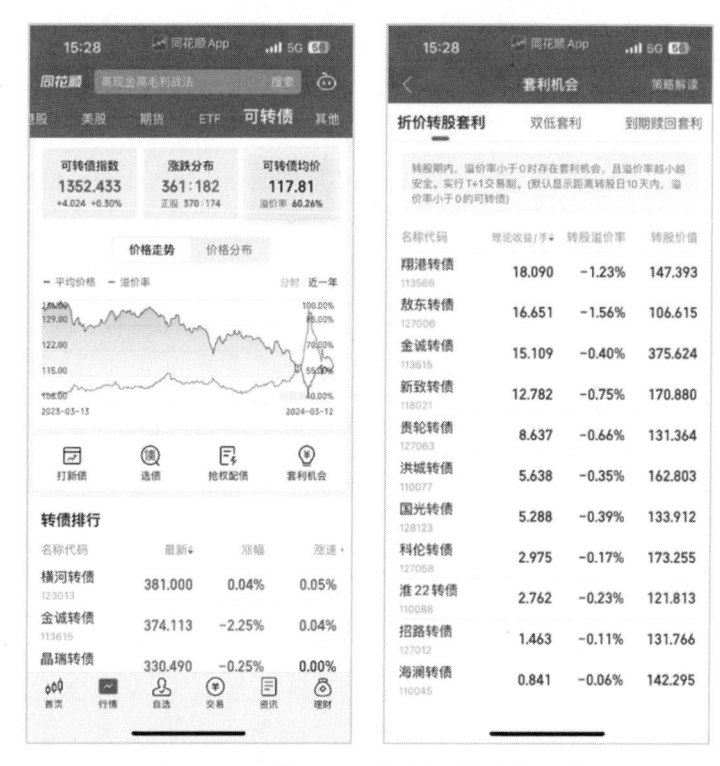

图 7-13　同花顺 App 的"套利机会"功能

1）折价转股套利

当可转债的转股溢价率为负数，并且处于转股期的时候，就可以转换成股票来进行套利。这里要解释一下转股溢价率的概念，转股溢价率是指可转债市价相对于其转股价值的溢价水平，计算公式为：转股溢价率=（债券价格–股票价格）/股票价格×100%。当转股溢价率大于 0 时，说明债券比相应的股票价格更高，投资者持有债券更划算；当转股溢价率小于 0 时，说明债券价格低于相应的股票，此时投资者就可以转股进行套利了。

折价转股套利的操作方法非常简单，在 T 日买入可转债后选择转股，在 T+1 日卖出股票，即可得到套利收益。

图 7-13 中的翔港转债，转股溢价率为 –1.23%，如果第二天股价不变，那么在第一天买入可转债后选择转股，并于第二天卖出，则将获得 1.23% 的收益，也即

每手（10张）可转债可获得 18.090 元的收益。

需要注意的是，折价转股套利需要应对股票第二天的波动，如果套利的人多，第二天正股就可能会出现"踩踏"风险，如果正股的跌幅大于可转债的折价，那么套利就会失败，所以实施折价转股套利策略时，最好是选择溢价率更低的可转债进行操作，这样风险更低、安全系数更高。

2）双低套利

双低是指可转债的价格和溢价率都很低，可转债的双低值计算公式为：双低值=可转债价格+转股溢价率×100。

双低套利的操作也很简单，即筛选出双低值较低的可转债进行投资，双低值越低，买入可转债的成本就越低，获利的概率就越大。

可转债价格越低，意味着潜在的安全性越高，因为可转债有保底价值，通常是债券的面值（100 元）加上约定的利息。如果可转债的价格低于其保底价格，那么即使市场表现不佳，投资者也能避免损失。而低溢价率表明可转债具有较强的股性，因为它比较接近于其实际转股价值，而不是被高估，这意味着可转债更容易随正股价格的变动而变动，获得价格上涨带来的盈利空间。因此，双低策略具有非常高的防御性，是一种比较稳健的套利策略，适合长期持有的投资者，也比较适合投资新手。

3）到期赎回套利

对于即将到期的可转债，上市公司会在到期日以约定价格赎回，当可转债价格低于赎回价格时，买入可转债等待到期赎回，可获得买入价和赎回价的差价利润。

到期赎回这种投资方法较好理解，在操作上也较为简单，是一种非常安全的套利方法，但这样的套利机会非常少。这是因为可转债越接近到期赎回日时，其价格与纯债价值也就是面值越接近，套利空间也就越小；相反，离到期赎回日越久，套利空间和机会越大，但资金的占用周期也就越长，综合来看年化收益率并不高，比较适合在熊市行情中进行操作。

除了打新和套利策略之外，可转债的投资方法还有很多，比如抢权配售策略、"摊大饼"策略等，感兴趣的读者可以深入学习，多多操作。需要注意的是，可转债实行"T+0"交易制度，即当天买入的可转债当天就可以卖出，交易时间和集合竞价时间与A股市场一致，不过可转债交易不需要印花税和过户费，但证券公司会收取佣金，佣金率一般是成交金额的0.3‰，不同的证券公司佣金率可能有所不同。

总之，国债逆回购是一种低风险、低收益率的投资工具，它的好处是能够将投资者闲置的资金利用起来，带来额外的利润，且操作简单、盈利稳定；而可转债则是一种能攻善守的投资工具，股性使其拥有向上攫取高回报利润的可能，债性又让其拥有向下保本的安全性，可以通过打新、套利等方式，从市场中获得低风险的利润。

国债逆回购和可转债都是证券市场中的债券类产品，下一节将介绍一种与股票高度关联，但投资风险较低的金融产品——ETF。

第四节　买一揽子的股票：ETF

过去几年，A 股市场最火热的话题无疑是 ETF。统计数据显示，从 2019 至 2023 年，国内 ETF 资产净值由 5085.32 亿元增长至 19 820.55 亿元，增长了 289.76%，截至 2024 年 3 月，国内 ETF 数量已超 900 只，其中投资 A 股市场和港股市场的有 809 只，总规模突破 2 万亿元。

为何短短几年间 ETF 的发展速度如此惊人？除了国家政策对于权益类 ETF 发展的大力支持之外，更重要的原因还要从 ETF 独特的投资优势说起。接下来，我们来具体讲一讲这一革命性的投资工具。

一、ETF 是什么

ETF 是 Exchange Traded Fund 的英文缩写，中文称为"交易型开放式指数基金"，又称"指数股"。ETF 通过复制标的指数来构建跟踪指数变化的组合证券，使得投资者通过买卖一种产品就实现了一揽子证券的交易。简单来说，ETF 是一种将跟踪指数证券化，并在证券交易所买卖的开放式基金产品。

从定义可以看出，ETF 吸收了封闭式基金可以当日实时交易的优点，投资者可以像买卖封闭式基金或者股票一样，在二级市场买卖 ETF。同时，ETF 也具备了开放式基金可自由申购和赎回的优点，投资者可以像买卖开放式基金一样，向基金管理公司申购或赎回 ETF 份额。也就是说，ETF 是一种既具有股票交易特性，又具备基金投资优势的金融产品。

可能很多人会产生疑问：在这本介绍股票的图书中，为什么要讲 ETF？

这是因为，虽然 ETF 按投资标的可以分为股票 ETF、债券 ETF、商品 ETF、货币 ETF 等，但目前国内外大部分 ETF 产品都与股票关系密切，甚至可以说 ETF 是股票投资的一种创新形式。ETF（如无特殊说明，专指股票 ETF）本质上是一揽子股票的组合，其价格与某一特定的股票指数（如沪深 300 指数、纳斯达克 100 指数等）紧密相关。投资者购买 ETF，实际上是购买了这个股票指数所代表的一揽子股票。因此，ETF 的涨跌与股票指数的涨跌基本一致，这为投资者提供了一个简单、高效的投资股票市场的途径。

而且对于投资新手来说，与直接购买个股相比，ETF 投资具有显著的优势。

首先，ETF 降低了购买股票的门槛。对于大多数散户来说，直接购买个股需要较高的资金门槛和专业的投资知识。而 ETF 则允许投资者以较小的资金量，参与整个行业或市场的投资，实现资产的多元化配置。

换句话说，ETF 的价格相对于股票来说更便宜。虽然 A 股市场上也有很多股票的价格是一股几十元甚至几元钱，投资者只要有几千元钱就能参与，但是对于像贵州茅台这种一股上千元的或者片仔癀这种一股上百元的股票，恐怕大部分投资者都投资不了。而每份 ETF 的价格通常才几角或几元钱，投资者只要有几百元就可以投资含有这些高价股的 ETF，这大大降低了参与市场的资金门槛，适合大多数资金少又想参与市场投资的散户。

其次，由于 ETF 是被动指数基金，投资者只需要判断指数背后市场或行业的发展前景和当前估值水平，即可决定是否买入，解决了个股选择难题，更为省心省力。

同时，ETF 的投资风险更低。我们常说不要把所有鸡蛋放在同一个篮子里，而 ETF 提供了多样化的投资组合，避免了把所有鸡蛋放在同一个篮子里。由于

ETF是通过购买一揽子股票来实现对指数的跟踪，所以它能有效实现风险的分散，降低了单一股票带来的潜在损失。对于投资新手来说，即使花时间研究公司基本面、看财务报表、做技术分析等进行选股，也很难避免买到"雷股"，而买入ETF则等于买入了一揽子优质股票的组合，"踩雷"的风险大大地降低了。

再次，ETF的交易成本更低。在进行ETF场内交易（也就是在交易所交易）时，投资者可以像买卖股票一样买卖ETF，但与股票交易相比，ETF交易是免过户费和印花税的，券商收取的佣金与股票交易也基本相同。因此在进行场内交易时，投资者的交易成本比股票交易更低。和传统基金相比，由于ETF采用被动投资策略，其管理费、托管费通常较低，且没有额外的销售费用或赎回费用。

最后，ETF的投资透明度很高。ETF的投资组合通常每日公布，投资者可以清晰地了解ETF所包含的股票种类、权重以及持仓成本等信息。这种透明度使得投资者能够更好地了解ETF的投资策略和风险水平，从而做出更明智的投资决策。

而2023年10月天弘基金联合同花顺推出的《ETF投资者行为洞察报告》显示，用户最认可的ETF三大优势是能分散投资风险、交易成本低、能解决个股选择难题（详情如图7-14所示）。这些优势，正是ETF越来越受到投资者青睐的原因。

对比股票，用户最认可的ETF优势
（多选，最多选3项）

选项	比例
ETF投资一揽子股票，分散投资风险	33.3%
ETF无印花税，交易成本低	29.6%
解决个股选择难题	28.8%
ETF资金门槛低	26.5%
ETF投资安全，不太可能被操纵	23.5%
ETF波动率小风险低	21.2%
ETF估值区间清晰，具投资参考价值	15.7%
ETF流动性高，不会砸手里	14.1%
ETF可投标的丰富	12.9%
ETF可套利对冲	10.9%
其他	7.2%

图7-14 投资者最认可的ETF优势

数据来源：《ETF投资者行为洞察报告》

综上所述，ETF 作为一种新型的投资工具，为投资者提供了便捷、高效、低风险的投资股票市场的方式。当然，ETF 的低风险也是相对于股票投资而言的，因此在投资 ETF 时，投资者应结合自身风险承受能力和投资目标，选择合适的投资策略，以实现长期稳健的投资回报。

二、ETF 如何选

ETF 的投资逻辑主要基于被动投资理念，即通过复制和跟踪某一特定指数的表现来实现投资收益，ETF 的管理人通过构建与指数成分股相同的投资组合，使得 ETF 的价格与指数价格保持高度一致。因此，选择 ETF 又有点类似购买股票，需要了解一些基本的信息和判断方法。下面简单介绍一下 ETF 的挑选方法。

1. 选择合适的指数

选择合适的指数是 ETF 投资的关键。投资者应根据自己的投资目标和风险承受能力，选择合适的指数进行投资。例如，对于追求稳健收益的投资者，可以选择跟踪宽基指数（即没有行业区分的多只股票组合而成的指数）的 ETF，如跟踪中证 500、沪深 300 等指数的 ETF。对于追求高收益的投资者，可以选择跟踪行业指数或主题指数。如果投资者对某个行业的前景非常看好，也可以投资该行业的 ETF。

面对那么多行业，很多追求高收益的投资者不知道哪个行业有机会，该怎么办呢？同花顺 App 推出的"ETF 机会榜"可作为参考。打开同花顺 App，在"行情"板块中找到"ETF 行情"，点击进入"ETF 机会榜"（见图 7-15）。可以看到，机会榜是以机会值作为排序指标筛选出来的具有投资机会的行业排行榜。机会值是同花顺金融研究中心根据行业的趋势动向、资金流向、盈利潜力、安全性综合计算得出的一个数值。历史回测数据显示，机会值越高的 ETF，上涨机会越大。投资者可以将这个榜单作为一种参考，选择机会值较高或机会榜靠前的行业进行调研，综合分析后选择合适的行业 ETF 进行投资。

图 7-15　同花顺 App 的"ETF 机会榜"功能

2. 选择规模大的 ETF

ETF 规模越大，说明有越多的人愿意申购并持有该基金，规模直接反映了市场的认可程度。同时，ETF 规模越大，也越能应对大额资金赎回带来的冲击，运营会更加平稳，二级市场交易的活跃度也更高。

随着 ETF 产品越来越多、流入资金越来越多，市场中的 ETF 规模也水涨船高，一般来说，5 亿元是一个"坎"，因此建议大家选择规模水平在 5 亿元以上的 ETF 进行投资，当然，ETF 的规模越大越好。当 ETF 规模小于 1 亿元时，可能存在清盘的风险。

3. 选择流动性强的 ETF

除了规模之外，流动性也是非常重要的选择标准之一，因为 ETF 在场内交易，只有流动性强，投资者才能够更快更顺利地买进或卖出。

衡量流动性的最重要指标就是成交额和换手率。成交额的概念好理解，场内换手率是指在一定时间之内市场中 ETF 转手买卖的频率。对于跟踪同一指数的不同 ETF 来说，一般日均成交额越高、换手率越高的 ETF，其流动性越好。此外成交的连续性和稳定性也是重要的一环，如果某 ETF 在每一个较短的时间段内几乎都有较为活跃的交易，就代表着投资者在任何时候想交易都有可能成交。投资者应该避免选择那些流动性不强的 ETF 产品。

4. 选择跟踪误差小的 ETF

跟踪误差是 ETF 的业绩指标之一，ETF 的投资目标一般都是"紧密跟踪标的指数，追求跟踪偏离度和跟踪误差的最小化"。

ETF 的跟踪误差是指 ETF 的净值回报率与其所对应标的指数回报率的差值，一般而言，差值越小表示 ETF 的跟踪效果越好，代表了背后基金公司的运营能力越强、基金管理者越认真尽责。

5. 选择溢价率低的 ETF

溢价率是场内基金的价格和交易所公布的实时参考净值的比率，计算公式为：溢价率=（ETF 成交价格/ETF 当前基金净值-1）×100%。

溢价率为正时，表明 ETF 的市场价格高于其净值，场内价格偏高，不宜买入，投资者也可以在场外申购 ETF，然后在场内卖出以获取差价。相反，如果 ETF 的溢价率为负，则表明 ETF 的市场价格低于其净值，场内价格便宜，可以买入，投资者也可以在场内购买 ETF，然后在场外卖出以实现套利。

6. 选择 ETF 管理规模更大、经验更丰富、整体费率更低的基金公司

在选择 ETF 时，也需要考虑发行 ETF 的基金公司的实力。一般来说，基金公司的 ETF 管理规模越大、管理经验越丰富，在 ETF 产品布局和运营管理方面

往往就越完善，也能为投资者提供更多的服务。此外，ETF 的整体费率也是选择 ETF 产品时需要考虑的要素之一，毕竟更低的费率意味着更低的成本。

综上所述，挑选 ETF 时，首先应该选出想要跟踪的指数，确定好赛道，然后从规模、流动性、跟踪误差、溢价率、基金公司等方面进行综合筛选，找到合适的 ETF 产品。

三、ETF 投资技巧

根据对 ETF 投资者画像和投资行为的调研和洞察，天弘基金及同花顺在《ETF 投资者行为洞察报告》中总结了一些关于提升 ETF 投资技巧的方法，非常适合投资新手，在这里分享给大家。

方法一：确定投资目标，进行长期规划。

进行投资的第一步，是确定投资目标，它一般关乎风险偏好、资金投入时长和目标收益。举个例子，一个处于单身期、刚刚工作不久的年轻人，尽管收入不高，但因为经济负担小，可支配收入较高，喜爱高收益品种，风险承受能力也不错，可能会为了一个中短期目标积累资金，投资期限 1～3 年，加上没有太多时间精力研究个股，就可以选择投资股票型 ETF。

又如，对于子女正在上大学的投资者而言，一般自身正处在工作能力、经济状况高峰期，但为了供养子女、准备子女未来的婚姻大事，所以投资期限一般为 5～10 年，可以承受一定风险，更倾向于稳健投资，获利目标为年化收益高出定期存款 4%～6% 左右。这时候，股票 ETF 搭配债券基金就是不错的选择。

此处要注意的是，投资权益市场的资金期限应避免过短，最好进行 3 年以上的长期规划。因为 A 股一般 3～5 年一轮牛熊市转换，如果刚好在市场高点时入场，但资金使用期限却仅有几个月，那么就很可能要在市场下行途中被迫"割肉"，这样就极不划算。

方法二：配置多种类型产品。

由于 A 股存在明显的行业轮动效应，投资者可以适当丰富自己的持仓，降低只配置单个赛道的风险。在 ETF 投资上，可以运用经典的核心-卫星配置策略。它的内涵在于，一方面，核心部分重点持有代表市场整体走势的宽基 ETF，另一方面，卫星部分小比例持有各种行业 ETF，并在不同阶段配置不同行业、不同市场的 ETF。这样不仅能减轻核心 ETF 池子不断换仓的压力，又能灵活捕捉行业轮动的收益，降低单一市场的风险，增强 ETF "篮子" 的性价比。

方法三：优化操作行为，学会止盈，低点加仓。

在经济周期影响股市周期的大背景下，历史会不断重演，市场会不断出现情绪过热或者过冷，但终究会回归均值。因此，结合市场周期优化自己的操作行为，是提高投资收益的重要途径。

（1）学会止盈。当投资者达到自身设定的投资目标时，或者收益率比较高时，最好及时让收益落袋为安。一般来说，收益率到达 20% 就已经是很不错的水平，如果继续持有，有六成可能最终无法实现这个收益水平，投资者可以适当止盈，并寻找开启下一轮投资周期的好时机。

（2）低点加仓。如果遇到收益率为 –20% 甚至更糟糕的情况，要尽量避免 "割肉"，因为此时 "割肉" 是很不明智的行为。数据显示，历史上在收益率低于 –20% 时选择加仓的用户，最终盈利的概率提升了 12 个百分点以上，并且收益率也有了明显提升。

（3）持有时长、操作频率适中。ETF 投资可结合自身需求，决定是否把一轮大投资周期拆分成多个小周期。对于交易型投资者而言，投资一只 ETF 可能需要好几年，但持有周期可以分为多次，半年以内的短炒会更灵活，至少每个月操作一次，结合市场行情灵活把握机会。但要注意的是，实际的用户行为数据显示，持有时长短于 1 周的超短线操作，或者每不到 2 天就进行操作的高频交易，会让大约 40% 的用户很难赚到钱，因此，普通投资者要注意避免过度短期投资。而投资经验丰富的 ETF 高手，可以充分利用 ETF 的交易便利性，进行日内套利、隔日交易等。对于长期持有型投资者而言，降低操作频率，不过多关注短期行情，享受一轮大周期内好资产不断成长的平均收益，也可以花较少的精力获得还不错的结果，更有性价比。

方法四：运用策略工具。

对于一些跟踪长期趋势稳健向上的指数的产品，如跟踪食品饮料指数（见图 7-16）的 ETF，简单的"买入、持有、再平衡"策略就能实现不错的收益。

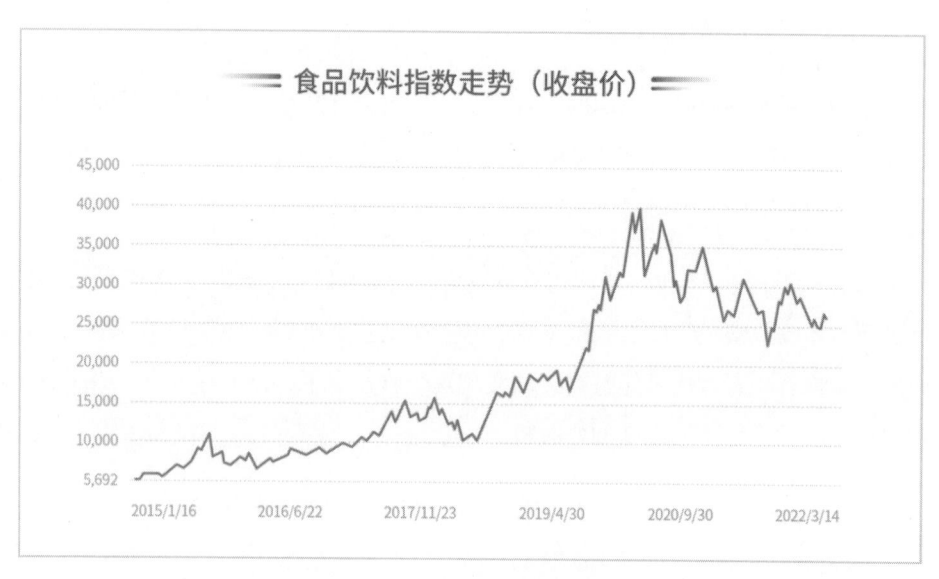

图 7-16　食品饮料指数走势

但对于更多 ETF 产品来说，想要在行情波动中获得较好的收益，对操作的要求就更高，策略工具就显得非常有必要了。其中，前面提到的网格交易（见第七章第二节）就非常适合 ETF 投资。这种交易策略可以帮助投资者在低点对抗恐惧，在高点避免贪婪，实现稳健的收益，可以用同花顺 App 的网格交易条件单功能进行操作，在此不再赘述。

当然，ETF 投资还有一些门槛更高的投资方法，如运用 ETF 的实物申购赎回机制在一、二级市场进行套利，运用融资融券进行带港股指数趋势交易和卖空交易，等等。不过这些操作对投资者的专业知识、操作技巧以及资金链都有非常高的要求，不太适合投资新手，建议大家根据实际情况自行选择。

总而言之，ETF 是一种非常适合投资新手使用的金融理财工具，它兼具股票的交易灵活性和指数基金的稳定性，为投资者提供了一个简单、高效、低风险投资的途径。在 ETF 投资的过程中，应该多维度综合筛选并找到合适自己投资风格的 ETF 产品，尽量多类型地配置产品，进一步分散投资风险，学会止盈和低点加仓，消除情绪等因素带来的影响，从而获得稳定持久的收益。

到这里，本书的内容就全部结束了，不过学无止境，大家可扫描下方二维码进入"同花顺学投资"页面或下载"同花顺学投资"App，里面有海量的投资理财知识课程，欢迎大家继续学习。